中国
注释法学
文库

票据法原理

王敦常 编辑

商务印书馆
The Commercial Press

2016年·北京

广州大学公法研究中心合作项目

主持人 董 皞

顾问 李步云 应松年

广州大学社科专项资助

商务印书馆图书馆提供版本

总　序

一个时代法学的昌明，总开始于注释法学；一个民族法学的复兴，须开始于历史法学。

虽然清朝帝制的陨落也正式宣告了中华法系生命的终结，但历史的延续中，文明的生命并不只在纸面上流动。在中华民族近现代法治文明孕育的肇端，中华法制传统转向以潜移默化地形式继续生息，西学东渐中舶来的西方法学固然是塑造中国作为现代民族国家法学的模型，但内里涌动的中国法文化传统却是造就当代中国法学的基因——这正是梅因要从古代法中去寻找英国法渊源的原因，也是萨维尼在德国法体系发展伊始即提出的："在人类信史展开的最为古老的时代，可以看出，法律已然秉有自身的特性，其为一定民族所特有，如同其语言、行为方式和基本的社会组织特征。"①

有鉴于此，从历史溯源来探索独特中华法治文明，重塑中华法系，是当代中华民族追求伟大复兴的必由之路。所以，当历史的沧桑和尘埃终于在半个多世纪的岁月里缓缓落定的时候，我们应在此刻再度回眸那个东西文明撞击的年代，会发现，在孜孜探求中国现代民族国家法学发展之路的民国，近代法学的先驱们尝试将曾经推动西方现代法学兴起的注释法学引入中国。孟森、张君劢、郑竞毅、汪文玑、

---

① ［德］萨维尼：《论立法与法学的当代使命》，许章润译，中国法制出版社 2001 年版，第 7 页。

秦瑞玠、谢霖、徐朝阳……这些人既是中国传统文化滋养下成长的精英，又是怀有开放心态虚心学习世界先进文化的智者，可以说，他们以自觉的时代精神和历史责任感担负起构建民族法学、追求民族复兴的使命，而又不自觉地传递着中华法系传统的理念和逻辑。细细研读他们的作品，不但是对近代民国注释法学派理论研究的梳理，更能对近代以降，现代民族国家觉醒过程中，中国法学建立的历史源流进行深入和系统的把握。

近年来，多部近代法学著作重新被整理推出，其中不乏当时大家的经典之作，然而，从注释法学的角度，系统梳理中国当代法学的理论发展史，尚无显著进展或相关成果问世。由此，余欣闻商务印书馆和广州大学法学学科的教学、科研单位，现合作计划对这批民国时期注释法学的研究成果进行勘校整理，并重新让民国法注释学的经典著作问世，我深感振奋。这套丛书比较全面地覆盖了现代法体系中各个法律部门，能够为展现中国近代法治文明转型和现代民族法学发生、发展史建立起完备的框架，无论对于法制史学，还是对于当代中国部门法的理论研究与制度探索，乃至整个当代民族法学文化的发展而言，都具有极其关键的意义。毕竟，受到法文化传统影响，中国政治对法学和法制的压抑使传统的法文明散落在经典知识体系的各个"角落"而未能独立，虽然有律学这支奇葩，但法独立性的文化基础仍然稀薄。进入近代，在西方法治文明模式的冲击下，虽然屡有"立宪救国"的政治运动以及社会思潮，然而，尝试用最"纯粹"的路径去构建民族法学和部门法制度，还当属这些学术先驱们拟采用的"罗马法复兴"之路径，即用注释法学来为中国民族法学奠基。可以说，勘校和整理这一系列丛书，是法学研究中对注释法学和历史法学的大胆结合，既是对文献研究的贡献，也是突破既定法学研究范式，打通部门法、法理学和法制史学研究的方法创新。

是以，余诚挚期盼该丛书经过勘校整理，能够为中国法制史和部门法学基础理论研究，提供一条贯通历史与现实的"生命线"，望能促进当代中国法学的理论和制度，均能一据历史法学而内蕴传统之民族精神，又外依注释法学而具精进之现实理性，故此为序。

张晋藩

2013 年 3 月 15 日于北京

凡 例

一、"中国注释法学文库"多收录1949年以前法律学术体系中注释法学的重点著作，尤以部门法释义居多。

二、入选著作内容、编次一仍其旧，唯各书卷首冠以作者照片、手迹等。卷末附作者学术年表和题解文章，诚邀专家学者撰写而成，意在介绍作者学术成就，著作成书背景、学术价值及版本流变等情况。

三、入选著作率以原刊或作者修订、校阅本为底本，参校他本，正其讹误。前人引书，时有省略更改，倘不失原意，则不以原书文字改动引文；如确需校改，则出脚注说明版本依据，以"编者注"或"校者注"形式说明。

四、作者自有其文字风格，各时代均有其语言习惯，故不按现行用法、写法及表现手法改动原文；原书专名（人名、地名、术语）及译名与今不统一者，亦不作改动。如确系作者笔误、排印舛误、数据计算与外文拼写错误等，则予径改。

五、原书为直排繁体，均改作横排简体。其中原书无标点或仅有简单断句者，一律改为新式标点，专名号从略。

六、原书篇后注原则上移作脚注，双行夹注改为单行夹注。文献著录则从其原貌，稍加统一。

七、原书因年代久远而字迹模糊或纸页残缺者，据所缺字数用"□"表示；字难以确定者，则用"（下缺）"表示。

八、入选著作外国人名保持原译名，唯便今天读者，在正文后酌附新旧译名对照表。

目 录

序 …………………………………………………………… 1
参考书目录 ………………………………………………… 1
绪言 ………………………………………………………… 1

第一章　钱庄营业分类 …………………………………… 2
　　第一节　存款 ………………………………………… 2
　　　　第一项　种类 …………………………………… 2
　　　　第二项　性质 …………………………………… 2
　　　　第三项　利息 …………………………………… 3
　　　　第四项　存款商业习惯 ………………………… 4
　　第二节　放款 ………………………………………… 5
　　　　第一项　种类 …………………………………… 5
　　　　第二项　抵押权 ………………………………… 6
　　　　第三项　钱业放款利率 ………………………… 9
　　　　第四项　钱庄拆算利息办法 …………………… 9
　　　　第五项　钱业利息之名称 ……………………… 9
　　第三节　买卖金银货币 ……………………………… 9
　　　　第一项　纹银类 ………………………………… 9
　　　　第二项　货币输运责任 ………………………… 10
　　　　第三项　买卖货币习惯 ………………………… 10

第四节　发行商业票据 …………………………………… 10
    第一项　庄票 …………………………………………… 11
    第二项　汇票 …………………………………………… 11
    第三项　期票 …………………………………………… 11
    第四项　支票 …………………………………………… 12
    第五项　上票 …………………………………………… 12
    第六项　水条 …………………………………………… 13
    第七项　票据惯例 ……………………………………… 13
第五节　贴现 ……………………………………………… 13
    第一项　票据之贴现 …………………………………… 13
    第二项　票据贴现习惯 ………………………………… 14
    第三项　论贴现之利益 ………………………………… 15
第六节　票据源流考 ……………………………………… 16

第二章　庄票 ………………………………………………… 22
第一节　概略 ……………………………………………… 22
    第一项　定义　性质 …………………………………… 22
    第二项　出票 …………………………………………… 22
    第三项　票式 …………………………………………… 23
第二节　庄票之记载 ……………………………………… 23
    第一项　记载 …………………………………………… 23
    第二项　固有性 ………………………………………… 24
第三节　银行钞券与庄票之比较观 ……………………… 24
第四节　庄票期限　让与 ………………………………… 27
    第一项　票期 …………………………………………… 27
    第二项　让与 …………………………………………… 28
第五节　庄票兑款 ………………………………………… 28

第一项　兑款 …………………………………………… 28

　　　第二项　兑款期 ………………………………………… 29

　　　第三项　兑款法效 ……………………………………… 29

　第六节　遗失 ……………………………………………… 30

　第七节　持票人之权利与义务 …………………………… 35

　第八节　贴现 ……………………………………………… 36

第三章　汇票 ………………………………………………… 37

　第一节　定义 ……………………………………………… 37

　第二节　汇票之成立及其记载 …………………………… 43

　第三节　汇票性质效用 …………………………………… 44

　　　第一项　性质 …………………………………………… 44

　　　第二项　效用 …………………………………………… 44

　第四节　汇票关系人 ……………………………………… 45

　　　第一项　出票人 ………………………………………… 45

　　　第二项　领款人 ………………………………………… 45

　　　第三项　承兑人 ………………………………………… 46

　第五节　汇票兑款地　票期　款额 ……………………… 46

　　　第一项　兑款地 ………………………………………… 46

　　　第二项　票期 …………………………………………… 47

　　　第三项　票额 …………………………………………… 47

　第六节　汇票兑款期　让与 ……………………………… 47

　　　第一项　兑款期 ………………………………………… 47

　　　第二项　让与 …………………………………………… 48

　第七节　基金 ……………………………………………… 49

　第八节　兑款 ……………………………………………… 51

　第九节　遗失 ……………………………………………… 52

第十节 汇款收据 …………………………………………… 53

第四章 期票 …………………………………………………… 55

第一节 概略 …………………………………………………… 55
第一项 定义 …………………………………………………… 55
第二项 效用 …………………………………………………… 56

第二节 票式与记载 …………………………………………… 56

第三节 期票汇票互比论 ……………………………………… 58

第四节 让与 …………………………………………………… 59

第五节 兑款 …………………………………………………… 59

第六节 中法期票互比论 ……………………………………… 59

附注 …………………………………………………………… 60

第五章 支票 …………………………………………………… 61

第一节 概略 …………………………………………………… 61

第二节 支票性质 记载 ……………………………………… 65
第一项 定义 性质 …………………………………………… 65
第二项 记载 …………………………………………………… 65

第三节 兑款 …………………………………………………… 65
第一项 兑款期 ………………………………………………… 65
第二项 兑款法效 ……………………………………………… 66
第三项 让与 …………………………………………………… 66
第四项 汇划制 ………………………………………………… 67

第四节 支票基金 ……………………………………………… 67

第五节 持票人之权利与义务 ………………………………… 67

附注 …………………………………………………………… 68

第六节 专解本票 ……………………………………………… 68

第七节 划条 …………………………………………………… 70

第一项　记载 …………………………………………… 70

　　　第二项　票式 …………………………………………… 70

　　第八节　支票划条比异论 …………………………………… 71

　　结论 …………………………………………………………… 72

附录 ……………………………………………………………… 75

一　票据法草案 ………………………… 日本　志田钾太郎　拟　77

　　第一编　总则 ………………………………………………… 77

　　　第一章　例法 …………………………………………… 77

　　　第二章　通则 …………………………………………… 78

　　第二编　汇票 ………………………………………………… 78

　　　第一章　汇票之发行及款式 …………………………… 78

　　　第二章　票背签名（里书） …………………………… 80

　　　第三章　承诺 …………………………………………… 82

　　　第四章　代人承诺（参加引受） ……………………… 83

　　　第五章　保证 …………………………………………… 84

　　　第六章　满期日 ………………………………………… 85

　　　第七章　付款 …………………………………………… 87

　　　第八章　拒绝承诺及拒绝付款之场合执票人之请求偿还权 …… 87

　　　第九章　代人付款（参加支付） ……………………… 91

　　　第十章　副票及草票（复本及誊本） ………………… 92

　　　第十一章　汇票之伪造、变造及遗失 ………………… 93

　　　第十二章　时效 ………………………………………… 94

　　第三编　期票 ………………………………………………… 95

　　　第十三章　期票 ………………………………………… 95

二 票据法例 …… 96
第一节 大理院判决要旨 …… 96
第一项 总则 …… 96
第二项 汇票 …… 97
出票 …… 97
转让 …… 98
兑款 …… 98
偿还之请求 …… 98
保证 …… 100
第三项 期票 …… 100
第二节 各省高等审判厅关于票据判例 …… 101
直隶高等审判厅判决（1913年） …… 101
浙江高等审判厅判决（1913年） …… 105

三 法规 …… 108
（一）银行通行则例 …… 108
（二）取缔纸币条例 …… 112
（三）银行公会及钱业公会章程 …… 114
1. 银行公会章程摘录 …… 114
2. 上海钱业公会章程摘录 …… 115
3. 上海银行营业规程 …… 116
4. 上海钱业营业规则 …… 120
5. 上海票据交换所章程草案 …… 128

《票据法原理》导读（一）
——前票据法时代 …… 舒国滢 133
《票据法原理》导读（二） …… 董安生 137
《中国注释法学文库》编后记 …… 142

附图表目录

庄票式 …………………………………………………	23
合同汇票式 ………………………………………………	38
普通汇票式 ………………………………………………	39
外行汇票式 ………………………………………………	40
外行汇票式 ………………………………………………	41
凭信汇票式 ………………………………………………	42
单式收据 …………………………………………………	53
复式收据 …………………………………………………	54
期票式 ……………………………………………………	57
三联支票式 ………………………………………………	62
四联支票式 ………………………………………………	63
散根支票式 ………………………………………………	64
专解本票式 ………………………………………………	69
划条式 ……………………………………………………	71

序

　　吾国之有票据久矣。自圜法作而互换之举衰，而泉币之用尚。泉币尚，于是货殖兴矣。货殖兴，票据始出。李唐时代有飞券钞引之名，商贾凭券引以取钱，非今日之汇票支票乎。宋真宗时，蜀人以铁钱重，私为券，谓之交子，以便贸易。非今日之银票钞券乎。票据之来，盖由于此矣，而溯厥渊源，票据与银行业，实相辅车。有银行之建设，不能无票据之发行。欲票据之普遍，不得不恃银行业之发展。然吾国银行之事业，除钱庄票号银局炉房之经营外，史乘纪载者更鲜矣。盖吾国鄙夷商贾，自古已然，汉高祖令贾人不得衣丝乘车，复重租税以困之。孝惠高后时，虽弛商贾之律，然市井之子孙，不得仕宦为吏，痛抑末利，久成风气，盖数千年于兹矣。物极则反，欧化东渐，士大夫遂侈谈商务之重要，逊清末叶，始有中央大清银行之设立，晚近商业银行隆蒸勃起。美国银行团代表斯蒂芬氏曾怂恿华银行，加入上海银行公会，藉收通力合作之效。然则吾国银行事业之发达也，正未有艾。夫银行业发达，而后票据之盛行不爽也。票据广行弥盛，则银行业发达亦弥盛，盖票据操伟大之效力，能供银行业以膨胀力者也。

　　顾坊刻银行诸书，汗牛充栋，而票据著述，尚付阙如，深为金融界憾，是以忘其固陋。课余之暇，辄加考索，将吾国现行各种票据，摭其著者，门分汇别，曰庄票，曰汇票、曰期票、曰支票，并以钱庄营业分类。末附条例章程，共分五章。旁搜判例，阐明法理，覃思有得，窃参己意，无以名之。名之曰，票据法原理。末学谫陋，率尔操觚，遑敢云发人所未发，明人所未明，聊辑见闻，以备遗忘耳。博学君子倘能芟削繁芜，增广阙略，庶免覆瓿之讥焉。

中华民国十一年（1922年）六月
云间　王敦常
识于上海震旦大学院法政博士科

参考书目录

各省高等审判厅判决录
法国最高法院判决录
各地习惯调查录
法国民法典
法国商法典
大清新法令
银行周报
钱业月报
马氏文献通考　　　　　　　　　　钱币门
皇朝经世文编　　　　　　　　　　币制门
中华银行史　　　　　　　　　周葆銮　著
中国金融考　　　　　　　　　潘承锷　著
大理院判决录
动产占有论　　　　　　　法国　萨拉伊　著
票据论　　　　　　　　　法国　合兰努　著
民国财政史　　　　　　　　　贾士毅　著

绪　　言

　　尝考意大利佛尼池银行之创设，适当吾国有宋孝宗之朝，维时互市之举。因循简陋，钱庄票号等名词，不载于史乘，则欲述之，盖有难于作者也。惟考宋自嘉定而后，铜冶大衰，司农竭蹶，意在废楮用钱。于是会子关子川引迭兴，后遂置交子务于益州，禁民私造。熙宁中诏置于陕西，其后旋置旋罢，此为我国官钱局之端始。非足论于今日之欧美银行也。夫银行为国家经济之命脉也，国库空虚，仰银行之挹注。商业凋敝，借银行之扶助实业振兴，亦需银行之援手。钱庄票号，虽操一方金融之权，然其所营事业，仅为近世银行业之一端。奚足以语银行之真理，谓之银行之胚胎时代，抑或宜矣。考钱庄票号吾国都城均有设立者，多由合资组织而成，庄主均负无限责任。故庄号者，合资之无限公司也。

　　迨《银行通行则例》颁布以来，废止旧日庄号名称，标以银行旗帜者踵相接，盖亦世界之潮流，国际间之趋势，有以成之也。然吾国内省之金融机关，莫钱庄票号，若彼新设之银行，每模型于欧美，无沿革之可言。而钱庄票号直可视为吾国纯粹之金融枢轴，安可忽诸钱庄业务，曰存款，曰放款，曰买卖金银货币，曰发行商业票据，曰贴现票据，就其分类，略事推索，乃将各种票类，穷其知者，稽臆而讨论之。

第一章　钱庄营业分类

第一节　存款

第一项　种类

钱庄存款,有即期定期之别。即期存款,或称活期存款,应用时可向庄取本,庄有即付义务,不得滞留。定期存款,须至期,始得索本。期之远近,随存户之意而定。有六个月者,有一年者不等。富裕之家,乐存定期。存即期者,亦有随存随取之便。是在各方之情形不同,处境有异也。

第二项　性质

存款于钱庄,无异贷款于民间。钱庄为债务人,存户为债权人。民间借款,以借据为凭(借据即俗称借票)。存款钱庄,有存折为证。折上注明某年某月某日存款几何。惟民间借贷,多由需款人即债务人自动。钱庄存款,则由存户即债权人自动。所谓自动者何也,先发建议之谓也。私人借贷借款人往求出借人,则有之矣,未有出借人首求借款人也。钱庄存款则存户自往,不待钱庄之来求也。揆厥原由,盖有故焉。钱庄胚胎时代,存款者,非徒无息可取,且酬费于钱庄。存款人存款之目的，不在衡取资利，而在委托钱庄，代为保存巨宗款项。钱庄代为保存，负损失责任，彼负其责，必报其劳。存款者有高枕无忧之乐，保款者取藏护酬劳之金，不违于理，不悖于情，是最初存款契约，非借贷契约，乃一非义务保存契约也。保存契约之具约人，为钱庄与存户，钱庄乃契约之债权人，存户乃契约之债务人，然此保存契约，具双务性质，何又而言之也。存户有给保费之义务，钱庄有交还存款之义务，所存之款，既纯系保持性质，存款者可随时向保款者，索还原款，保款人不得少作留难处，现时钱庄之即期存款，非昔时保存性质之遗踪欤。浸久商业勃兴，实业渐萌，保款者以所保之款，借贷于人，因取息利，银钱既是替代物，钱庄以其所入，为借贷之基本，自非背交还之义务，存款者不得诬其背保银契约上发生之义务，相习既久。于是钱庄由保持银款机关，而为中间贷借机关矣，保持之责务已卸，保持酬劳费，根本上自无存在余地。于是存款者，不仅无酬报保持之义务，而有应取资息之权利矣。存款既由钱庄贷借他人，贷借必有期限，于是与即时交还之原则，两相抵牾。由存款人一方面设想，既无酬劳保持之义务，且有领取利息之美权，是不能强钱庄以随索随付之例，此定期存款之所由来乎。保存契约，遂变为贷借契约，双务契约，遂变为片务契约矣。盖存款人存款后，有取本息之权利，以对抗钱庄。在彼无负纤微之义务，钱庄则有到期付本，随期付息之义务，无若何权利，足抵抗存款人也。考之欧美各国银行之始也，其营业亦仅为经理存款，不付利息，反取存费。若欧州中古时意国之佛尼池银行，初不过一纯粹保存货币机关，无有现时之所谓银行营业者，中外合辙，殊途同归，此特举其一例耳。

第三项　利息

钱庄经理存款，既有借贷性质，存款人有应得之对当权利，此对当权利,即利息也。存款既有即期、定期二种,利息因视存款之种类而高低。定期存款利必高,即期存款利必低,不待言而后喻也。即期亦有不取利者,曷故,款虽存庄,存款人有随时索取之权。钱庄不敢以漂泊无定之款,借给他人。无利益,则无义务,理固宜然。余得曰即期存款,系一义务保存契约,存款人有索本之权,无取息之理。钱庄有随时交付之义务,而无取偿保费之权利。然实际上钱庄仍有付利于即期存款人之惯习,其利虽微,然钱庄之不欲供人花利,以自伤血本,彰彰明甚,其故安在。盖即期存款,虽钱庄有即付之义务,然存期至少,亦必有二三月之久,试思随存随取,何苦多此一举。在此二三月时间内,钱庄当有利用存款之机,或以此即期存款,暂存大银行,作为活期存款,亦有随取随付之便利,或以作一时金融挹注,或以作贴现票据基资,或以短期信用及抵押经放,若是则有可图之利,而无掣肘之虞,钱庄固无稍损血本处也。即期存款之生息利,职是故也。

第四项 存款商业习惯

(一)钱商存款利率,较货商存款利率为薄

查商业习惯,凡民人存款于钱庄,其利率较小,存款于普通商店者,其利率较丰,且利息每随期间长短之不同而高下,约言之,钱庄长期存款,利息按月自四五厘至八九厘不等。普通商店长期存款,按月自八九厘至二三分不等,至短期之款,钱庄利息,按月二三厘至五六厘不等,商店按月自五六厘至一分不等。无论长期短期,均由钱庄商店出立存据息折,以资凭信。推其利率厚薄之原因,盖钱庄本以金钱营业,轻利收进重利放出,权其子母,衡取锱铢。普通商人则以存款供买卖之用,货物不消,还本不易,此其一也。人民心理,对于钱庄,信用较厚,只须本金稳固,利率不视为重要。商人营业,一朝失败,本金将虚,遑论利息,重其息,正以自偿将来失本之损害,此其二也。商人事机辐辏，获利丰厚，以重息得厚利，于商无所损，于理无所悖，此其三也。

（二）洋价涨落，自认亏折之惯例

我国币制混杂，银洋铜圆之兑换，毫无准则，银洋多则洋价跌，铜圆充斥，则洋价昂，是洋价之涨落，全视供求例而转移。今譬某甲存某乙钱庄一千元，存入时洋一元，估价八百文（即铜圆八十枚），支取时大洋一元，计价一千三百文，乙号钱庄，欲将某甲存款结算清偿，势必以高价买入之银圆，偿还某甲低价存入之款，实际上岂非大受亏损。然商业上习惯，恒视为洋来洋去，纵受暗亏，钱庄无有要求贴补之理。反之，存款时洋价昂，支取时洋价落，存户亦不得有所要求，盈虚消长，听之市面而已。

第二节　放款

第一项　种类

钱庄放款种类，不一而足，可分为二大类。

甲　信用放款

乙　保证放款

甲　信用放款。　信用放款，无需抵押品，全凭需款者之信用昭著，而借济以款项之谓也。放款手续，钱庄经理素知需借者之殷实可靠，或其事业稳固，言明按年或按月利息，及还本期限，共立凭证期到，例须归偿。通例三月或六月为一期，如到期实不能偿，须向钱庄执事声明原委，展期续借。

乙　保证放款。　保证放款，可分二类。

（一）人保放款

（二）物保放款

（一）人保放款。　人保放款，亦得名之曰信用放款。然款之放与，不凭借款者之信用，全凭保证人之信用。借主欲向钱庄借款，应觅一殷实保证人与钱庄商议，钱庄而信任保证人也，则始允借与，订立契据，保证人签押于上。言明利金，及归本期限，到期借主无力归偿，钱庄惟向保证人是问，保证人负完全责任，不得推诿，无异借主之连带关系人也。

（二）物保放款。　物保放款，钱庄得确实之保证品，始允借款，人保放款，钱庄于借主债权外，取得附属对人权，物保放款，钱庄于借主正当债权外，取得附属物权，此附属物权，或人权，同以保证正当债权者也。物保放款之保证品，或为动产，或为不动产，动产押品，分述于后。

（一）生金银。　如金叶，银条，银锭及金银手饰等类。

（二）各种有价证券。　若政府各种公债票，国库券，公司股票债票等。

注　有价证券押款，不以票额，概以真值之成数，为担保标准。不动产担保品，分类于后。

（一）田地契据

（二）房产契据

第二项　抵押权

上海钱业有活期或定期抵款信用抵款之称，簿记中分别立户收付之。信用抵款即信用放款，以信用为贷款之抵品，受抵人取得对人权，而无绝对之物权。债务人若有不测情事，无力偿还，与普通信用贷款，一例并理之。至活期或定期抵款，抵品之大宗，为栈单，或物产。抵约条件，为正式缮立抵据，既抵后，其物权之行使，统属于受抵人，债权人虽于抵物上无所有权，然有绝对对人之物权，与夫相对对人之扣留权。所谓绝对对人物权者，对一般第三者主张之物权也，其余普通债权人，不得于抵物上共占优先权利，稍有所主张，抵物价值，尽数以担保抵款之清偿，而抵物之使用，亦得由受抵人合法自由处置之。所谓相对对人权者，对债务人扣留权也，物之所有权，仍不失属于债务人，然债务未完全偿清时，受抵人得扣留之。于对人权中，物权寓焉。盖扣留系对人的，而债务人既不得利用其所有权，所有权部属之行使权，不啻入于债权人手掌中矣，债权人非仅有扣留权也。

上海钱业公会营业规则内，规定经放活期或定期抵款，倘取得栈单或物产后，债务人有不测情事，受抵人得登报变卖，至迟不得过三个月。变卖之价，先归还抵款，归还外尚有余款，应先还原家信用贷款，再有余款，归各债权公摊之。夫原家信用贷款，无任何物品之担保，而受抵人若对于债务人。尚有他种信用贷款，其抵款归还后，得以余款先偿其已有之信用贷款，第三者信用贷款债权人，不得与分公摊，曷故，曰，受抵人信用贷款之优先权，非生于信用贷款契约，乃基乎抵款之扣留权，抵物虽非用以担保信用贷款，然物在受抵人之手，彼有使用之权，抵款虽已清偿，债权人自犹有扣留抵物之权，以待他债务之清偿也。或曰，扣留权之所以存在者，为担保抵款之清偿，其目的止乎此。抵款既行归还，已无担保之可言，扣留权自无存在余地，且抵物所有权，固常属于债务人，抵物之价，除抵款外，应归还于债务人家产之内，余款既入债务人总财产内，已为全数普通债权人之担保品矣，各债权人各依其债权额而摊分之，理之至当者也。原受抵人何得而云占有优先权也，曰，非也。安知原受抵人无抵押而贷款于债务人，非视原抵物为意外之担保品乎。若先无抵约，或抵物之价额，不超于原抵债额，恐债权人未必有贷款之诚愿也。解释契约，虽以契约载文为根据，然犹思所以探索当事人之真意为大本，庶法意明而理充矣。退一步言之，纵云债权人贷款时，实无此意思之表示，然债权人自有扣留权之主张也。债权人于抵款清偿后，有归还抵物之义务，债务人方面,尚有归还他债之义务(即其信用借款)。若债务人抗不履行,或力实不能履行其义务,债权人自可不履行彼之义务,一所以催其省悟,积极计也。更所以自保权利,消极计也。民法中于当事人互有权利主张时,本有相杀之规定,相杀谓者,权利与权利,义务与义务相对销之律,扣留权乃相杀之反面耳。双方义务虽不因扣留权而消灭,而扣留法终不失为正当权利也。譬表匠修理某甲之表,甲不先交修费,表匠安然不索者,盖有恃焉。后甲往取表,必与修费而后可。此时修匠有归还修表之义务,甲有给工资之义务,若甲不给资,表匠自有不与表之权利,此即扣留权之一种。其始也,从未有表作工资担保之口头契约,扣留权何自来乎,曰,扣留权即无义务抗对无义务之负权也。

罗马法有"例外权"之规定(Excepio),非其一乎。考之欧西现时法律,押物债权人,于押款归还后,亦有扣留押物之权,作其余到期债款之保障,今试举其一例焉。法民典①第二千零八十二条第二项曰:若债务人对于原债权人,别有债务,发生在押款之后,到期在押款之前者,债权人非于二债款完全清偿时,无归还押物之义务,不论有无押物作第二债务担保之商定而然也。再考法国判例,确有承认扣留权与优先权相并而行者。法国大理院一千八百五十年十二月十日判决曰:民律一千九百四十八条,对于保物人扣留权之规定,对于物主外,于物主之债权人,或别种权利人,均得援用。即对于破产商人,亦无限制,保物人之扣留权,若于债务不履行时,自生变卖权,变卖价上扣留人有优先权焉。若是而论,受抵人对于信用贷款之优先权,不为无因矣。

设抵物变卖,不足归偿抵款,受抵人向债务人另行追偿,不得与其他信用贷款并理,惟变卖物产,仅敷抵款,而信用无着者,得与其他信用贷款并理之。

---

① 《法国民法典》,即《拿破仑法典》,商务印书馆 1979 年版。

第三项　钱业放款利率

钱业往来，无论数目多寡，以及过期之货款，其息率无一定标准，全以商家信用为准的。概言之，长期按月八厘至一分，短期有算至一分以上者。

第四项　钱庄拆算利息办法

钱庄关于拆算利息习惯，系每届结账之期，将债务人延欠利息，滚入原本计算，此所谓利滚利之习惯，商场无异议者。

第五项　钱业利息之名称

（一）银拆　上海炷规元一千两之日利。
（二）洋拆　黑洋或龙洋一千元之日利。
（三）曲泼龙　上海外国银行，贷款于上海汇划钱庄之利息。

注　银拆，上海钱业银拆，最高以七钱为限。钱业往来存欠月息，每月月初在公会会议，查照日拆，公同决定。由司月报告同业，一律照行，惟存息以九五扣算。

往来存息，随银拆之高低，随时议定加减，但上海钱业规定，按月最低以二两计算，所谓按月二两者，言每千两存款，每月存息为二两也。钱庄欠息，则不论银拆之若何跌落，最低仍以四两五钱为底码，而银拆之升高低落，不外乎经济学之供求例耳。金融宽裕则银拆低，金融綦紧则银拆涨，不易之理也。

第三节　买卖金银货币

第一项　纹银类

钱庄储收金条，俟金价涨，则卖之于市。收买块银改铸银锭，以济市上之需。盖银锭之铸造镕解，一任人民自由而银锭之交换，纯以品位重量为准率，无有价格轩轾其间，可为投机经营之目的者也。钱庄每贮有银锭，计其重量，售诸民间，扣取鼓铸费，为其营业之益利，或受民间委托，代买卖生金生银，因取佣费，此亦钱庄营业之一也。

今日之所称银锭者，大别之有三类。

（一）小粿　形似馒头，重约在五两左右，亦有松江银杭饷银之称。

（二）中锭　形若秤锤，重约在十两左右，亦有盐课银四川银之称。

（三）元宝　状若马蹄，故又名之曰马蹄银，重量约在五十两左右，大宗商业交易多用之。其名称亦随地而异，英语名之曰 Sycee Silver。

第二项　货币输运责任

凡托买金银货币，不论信托电托，一经办就装出，付账为准。不论水陆运寄，中途倘有不测，概归托办者承认。

第三项　买卖货币习惯

钱业各庄，每于买卖各种货币进出时，照每日议定行市，稍加厘头，每元约差半厘至一厘之间，此其习惯也。

第四节　发行商业票据

钱业除上列各种营业外，发行各种商业票据，所以补泉币之不足，避金银输送之困繁，便工商金融之仰济，其于社会商业上利益，有若是者，不可不分晰论之。先以票据之种类列后，逐一解释之。

第一项　庄票

庄票，英语名之曰（Native Order）。有即期与期票二种。即期票见票即付，与银行钞券无异。期票注有期日，未到期前，不能向庄兑款，然有贴现之方法，以补其不足，姑于下节备述。票上载应付银两数额，出票号目，加以钱庄戳记。若系期票，则注明期日，庄票在商业上颇著信用，辗转让与，流通市场。上海为商业荟萃之区，而流转金额，往往抑于交易上所应需者，赖有庄票为之济其虚也。至各钱庄整理收付之庄票，则用汇划法，以其所应收，易其所应付，以盈欠数，作末次之结算。若英国之票据交换所者然（Clearing house），此庄票之大概也。

第二项　汇票

吾国汇票，或由钱庄向他庄所发者，或为由商人向钱庄所发者，票之关系人，总不外乎三者。发票人（钱庄或商人）。兑款人（钱庄），领款人是矣。汇票系具命令性质，发票人命令兑款人，付票面金额于领款人之谓也。庄号汇票用三联式者居多。第一联谓之上根，留存汇款处之钱庄，以备查考，或备下根遗失时，补寄代汇庄。第二联谓之汇票，俟款于汇款人处收清后，即填交汇款者。第三联谓之下根，系汇款地之钱庄，寄交代汇庄者，代汇庄即凭此验明汇票兑款。如下根中途遗失，再将上根寄往。商人对钱庄所发之汇票，亦系三联式。故又名之曰三联票。第一联备查，第二联交与领款人，即汇票，第三联寄于汇款庄，作为通知书，并以验汇票之真伪。有汇票，可省货币之输运，便商人资本之流转，此汇票之大概也，此汇票之功用也。

第三项　期票

期票，票据之有期限者也，或为钱庄所发，即庄票之期票。到期,持票人始可向庄兑款,或系商人向钱庄所揭,令付与持票者一定款项之票也。票上由钱庄盖戳为凭,兑付现款,须俟到期。否则惟有贴现一法,以济急需。其性质与汇票相似而实异。期票之发票人,实商人,非钱庄也。商人借钱庄信用较著,仰其出票,加以期限,商人将货物变卖,解银于钱庄,作兑票款项,故从实而论,出票者商人,兑款者钱庄,持票者,出票者之债权人也。设或钱庄虞商人出不测,不愿空出期票,商人即以货物押庄,俟售卖后,即以银归庄。于是商人得以期票偿其应付债项,外国商人可向他商人发汇票立期票,若卖主对买主发出汇票,作第三债权者之偿券,或买主立期票与卖主,以作货物代价,至吾国商人对商人发出之汇票期票,未能通行市场,遂不得不转恃钱庄焉。余故曰,商人向庄所揭之期票,与夫向庄所发之汇票,虽相似而实异也。

第四项　支票

支票盛行于英,通行于欧美各国。吾国钱庄亦有支票之发行,为商业票据之一,其式系三联式。由钱庄编就骑缝号码,加盖图记,第一联为上根,留存钱庄,以备付款时验对,并将所付款额录下,备结账时对照。第二联为正票,系由出票人自书其下款,须由出票人署名盖印,其取款之数目上,亦应由出票人加盖印章。第三联为下根,系出票人自行收执,记出票取款数目,借备结算时之对照。支票亦有有期与即期之别焉。

第五项　上票

上票为钱庄票据之一,与期票不同。票上不列号数,不由钱庄盖戳,钱庄仅承兑换之责,不负兑换之任。如到期前一日,揭票人不将现币汇划到庄,则到期时,由揭票者向持票人自行清理,是上票之债务人，系揭票商人。钱庄尽兑款之劳，无兑款之义务也。上票之信用，较期票汇票不及远甚，然亦足资商人活动其资本之一法也。

第六项　水条

上述各种票据之外，犹有所谓水条者。水条专为兑换银洋时所用，其龙洋角洋铜圆等市率，均须一一填注于拆合数目之下，金陵钱业中多发行此票据。

第七项　票据惯例

金陵　金陵钱业期票，载有某月某日期者，须俟到期后三日，始得兑款，日字下无期字者，兑款钱庄有到期即付之义务。

浙江宁波　宁波票据，注有即过二字，明示见票迟五天付款，祈发二字，迟十天交款，此宁波钱业之惯例也。

浙江温州　无论外行同行票据（长期票），须于票后注照即二字，方生效力，否则难免发生枝节情事。

福建建瓯　建瓯汇票，期限有二。一为现票，见票三天付款。一为例票，见票二十天付款。例票多于现票，其汇兑习惯属于商家者，多系由商家于货物装船后，开具向驻省代理（或行号或庄客），迟二十天期兑付之汇票。向银行请求贴现，每百元可扣利息及汇费共约二元，贴现时或取妥保，或不取保，视出票者之信用如何而定。银行贴现后，将该汇票寄省中本号，向出票人收款，此福州汇票连用之概略也。

第五节　贴现

第一项　票据之贴现

票据分即期与有期二种。期票非届期日，持票者不得向发票者请求兑款。设商人有期票数纸。期前需款甚急。既不能向庄兑款。又不能以期票为付款之代价。则若何。向人贷借以期票作押品也。则不数日票据到期。而借贷时期。至少须二三月之久。既以票作担保品。债权人或不愿遂以押票归与债务人。则至期反有不得兑款之阻碍。若此时期内。发票人有不测事故。借贷人身自受之。纵无故也。期后利息掷之虚牝。借贷人受亏。损已不赀。殊非商人计之得者也。由是观之。期票之效尠矣。将何以救之哉。曰，有法焉。其法维何。贴现是矣。贴现俗名拆息。期票持票人以未到期之票，向银行或钱庄售换现银，银行由买进日起，算至到期日止，扣去利息，而以所余金交与持票人。例如有期票百元，一月到期，若持此票往银行钱庄贴现，银行扣去一月利息，照按月二分计算，贴现人扣去二元，而以九十八元交与持票人。若持票人素与钱庄有往来，钱庄即将银数，记入往来账中，听其随时取用。质言之，贴现者，银行钱庄最短期之放款也，俗云拆息者。放款之利率也，拆息每较普通息率稍高，期短之故也，期短所差微甚，在商人无形大亏。在银行则锱铢成沙，获利丰甚，故银行多乐为之。考各国银行，贴现为营业中大宗，即以法国银行而论，每年贴现盈利，达数百万之巨。外国中央银行尚有再贴现之例，商业普通银行贴现各种期票后，往往将此期票再向中央银行贴现，又防其金融之壅滞。再贴现利率，视初贴现利率为低，商业银行权其差数，为营业之净利，法国之再贴现银行为法国银行。法国银行实系商办银行，法政府财政窘急时，多仰恃之，平时与以发行纸币专利。金融恐慌时，法国银行钞币，享有强迫通用利益。英国为英国银行，德国为黎岖银行是。我国再贴现之例，尚未创始，盖票据未盛行故也。

第二项　票据贴现习惯

金陵　金陵钱业贴现，分银户洋户两种。银户拆息归月底收付结算。洋户拆息,须存欠分算,照例每月二十五日为议拆日期,率数约一分左右。

扬州　扬州钱业,与各庄往来,悉于月底收付结算,拆息每月由同行公议一次,大约以申镇两地银根之松紧为转移也。

温州　温州钱庄贴现期票。必详察出票人之信用,然后规定利率之标准,于出票人有疑窦时,则须有担保人盖章或签字,方肯贴现。

第三项　论贴现之利益

良哉贴现法乎,其利薄,一曰繁生产,二曰便贸易,三曰均分配,四曰节消费。何谓繁生产也,制造家之所恃者。资本也,资本竭,工作息矣。方今商战日剧,交易日繁,买卖例多期赊,制造家欲赓其业,则资本告竭,将坐待乎。则损失不赀,有贴现之便,则货物售罄后,仍得续其业,或令买者立期票,或自出汇票,令买主付款。期前向银行钱庄贴现,损息甚微,得利甚厚。资本周转,营业不辍,营业不辍,于是乎生产伙矣。何谓便贸易也,古之为市,以其所有,易其所无,布帛易粟米,交换年代之贸易也。圜法行,货币出,物有价,价有市断争袪矣。楮币出,虚济实,便携带,免盗攫,法美矣。然楮币非得人人而造也,于是期票汇票始,吾立之,人取之,非徒以虚济实,且虚生实矣。信用兴,贸易畅矣。何谓均分配也,贸易畅,竞争生,竞争生,货价不昂,货价不昂,贫贱沾泽矣。娱乐品之昔日专供于富康者,小民亦得而享之,分配均,阶级除,阶级除,社会宁矣。何谓节消费也,工商有贴现之便利,生产得源源之不绝,资本犹是也。营业扩张矣,制造愈多,成本益轻。譬工匠构桌,裁工制衣,购料多,价愈廉,不徒此也。房屋杂费,均不视出产之多寡,此例而加增,一方蔽之,出产愈增,消费愈减,若数学之反比例然。不有贴现之便利,安可得之,贴现之有利于社会者若斯,而银行乐为之者,岂亦有所损哉。贴现最短期放款也，期到款还，银行希失投资之美机，复有再贴现以济其急，胜于定期放款远矣，银行钱庄贴现期票，预扣利息，此预扣之利息，非可以转生资息乎。银行权利于锱铢之微获益于子母之较，贴现之有利于银行不爽哉，贴现容忽乎哉。

第六节　票据源流考

自唐又来，始有飞券钞引之属，即今之汇票支票。盖商贾执券，引以取钱，而非以券引为钱也。宋庆历以来，蜀始有交子。建炎以来，东南始有会子。自交会既行，直以楮为钱矣。初宋真宗时，蜀人以铁钱重，私为券，谓之交子，以便贸易。其后争讼数起，乃改为官造，禁民私造。置交子务于益州，是为行钞之始。大观元年，改名钱引。交子初行时，每界以百二十五万六千三百四十缗为额，备本钱三十六万缗。大观中，不蓄本钱，而增造无艺，至引一缗，当钱十数，则已成滥纸币矣。南宋高宗时，行会子，初意只视为茶盐钞引之属，非即以会为钱，其后会子自一贯造至二百，公私买卖支给，无往而不用，遂以之代见钱，每一界初以三年为限，限满造新换旧。嗣展至九年。初以每界一千万贯为额，嗣增至三千万。乾道四年，诏旧会破损，但贯百字存印文可验者，即与兑换。淳熙三年，诏会子库将第四界铜版，接续印造会子二百万文。嘉定间，会子数目滋多，称提无策，且京都近畿行会子。度宗时又行关子，四川行川引，两淮行淮交，湖广行湖会。或废或用，号令反复，民听疑惑，改换更造，愈多而愈贱。初制收到旧会即毁之，别给新会。理宗时，令收藏旧会，备缓急。初制只行一界，嗣新旧两界并行，以新收旧时，往往照时价买旧会，甚至以五旧易一新，据此可见当时纸币之纷乱矣。流弊迄于宋亡时，金行楮币于河南，谓之交钞。但过河南即用钱，不用钞，嗣改名宝券，不限路行用。世祖始定钞法，谓之中统宝钞，自十文至十贯文，凡十等，或曰别有五文一等。凡十一等，不限年月。诸路通行，税赋并听收受，诸路领钞，以金银为本。本至乃降新钞，案中统钞以银为率，虽以钱贯为单位，实为银钞，钞一贯准钱一千文，直银一两，五十贯或五十两，为一锭。至元十七年，行钞法于江南，以中统钞易宋交会。且废宋铜钱，二十四年更行至元宝钞，中统钞通行如故。至元钞名曰金钞子，以一贯文当中统钞五贯文，赵孟頫曰，始造钞时，以银为本，虚实相权。今二十年间，轻重相去已数十倍云。据此可见元钞之滥。与宋无异，三十一年，诏诸路交钞库，所贮银九十三万余两，除留十九万余两为钞母。余悉运至京师，此举乃欲敛银而归之京。徒欲借钞为流转之资，然诸路银少，则周转不灵。盖是时钱几废，钞惟与银相权也。大德二年，中书省奏岁入金一万九千两，银十万两，钞三百六十万锭，盖岁入几尽纸矣。武宗至大二年，以中统至元之钞，均物重而钞轻，乃更颁至大银钞，二两至一厘，定为十三等。至是钞直以两为单位，非复钱之代表矣。银钞一两，准至元钞五贯，中统钞二十五贯，白银一两，赤金一钱，随路立平准行用。中统钞限日赴库倒换，是时钞之破损者，谓之昏钞。然民间以钞稍昏，即不用，诣库换易，则豪猾党蔽，易十与五，累日不可得，盖钞法紊乱，民怨已深，顺帝至正十年，更行至正交钞。以丞相托克托言，更钞法，以楮币一贯文，权铜钱一千文，钞为母而钱为子。未久物价腾跃，民皆以货物相贸易，公私积钞俱不行，人视之若敝楮。论者谓元之钞法，仿自宋金，当其盛时，皆用钞以权钱，及当衰败，财货不足，止广造楮以为费楮，币不足以权变，百货遂涩而不行，故欲行钞法，必先于府县各立钱库。贮钞若干，钞至钱出，钞出钱入，钞未有不可行之理也。当时不知，徒加严刑，驱穷民以必行，刑愈严而钞愈不行，元所以卒于无术而亡也，统观元代钞法。凡四变，初为中统，更以至元，已五倍于中统，再更以至大，又五倍于至元。顺帝至正十年，更行至正交钞，至大银钞旋罢。而至元中统之钞，实终元世行之，至正钞始行于元末世，未久积不能行。

明太祖洪武八年，立钞法，设宝钞提举司，所属有钞纸印钞二局。宝钞行用二库，造大明宝钞，钞纸又桑穰为料，高一尺，广六寸许，青色，外为龙文花栏，横题其额曰，大明通行宝钞。中图钱贯状，一百文，二百文，三百文，四百文，五百文，一贯，凡六等。钞一贯准钱千文，银一两，钞四贯，准黄金一两。商税课程，钱钞兼收，钱三钞七。一百文以下，则止用钱。洪武二十二年，增造小钞，自十文至五十文。洪武九年又令天下税粮。银钞钱米兼纳，银一两，钱千文，钞一贯，皆折米一石。并立倒钞法，凡钞虽破软，而贯百分明者。民间贸易，及官收课程，并听行使。贯百昏烂者，许入库换易，每贯收工墨值三十文。按明太祖初行钞法时，银钱钞相权并行，法制一定，规例亦颇整齐，然初行之时，欲使钞行通畅禁民间不得以金银交易，已失钞银相权之意。洪武二十七年，甚至禁行钱，专行钞。勒民悉送铜钱赴官，违者罪之。盖钞行不过数年，其法已坏。民间重钱轻钞，多行折使。洪武中，钞一贯，已折钱百六十文。政府不知钞钱相权之意，意欲弃钱行楮，其惑实甚。永乐以后，屡以钞法不通，设为种种强迫之法，而钞卒不行。洪武时银一两，当钞三五贯，永乐时银一两，当钞八十余贯。正统时，银一两，当钞千余贯，是钞一贯止值钱一二文矣。邱濬曰，为钞一贯，所费之值，不过三五钱，而以买人千钱之物。民初受其欺，继畏其威，勉强从之。终莫之行，非徒不得千钱之息，并以其三五之本而失之。且失人心，而召乱亡，此言可谓痛切。自洪武至正统，虽屡行钞法，然银钱终不能禁绝，明初钱之用，不出于闽广。宣德正统以后，钱始行于西北，自天顺成化以来，钞之用益微。天顺中，始弛铜钱之禁。成化十三年，令两淮引钞折银。弘治元年，令钞关食盐俱折收银。盖全用钞者，一变而钱钞中半，再变而全令折银，返虚为实，殆亦势所必然。至穆宗时，宝钞不行，已垂百年矣。惟俸粮支钞如故，课程亦鲜收钞者。崇文门税课收钞分五等，新好钞为一等，破损者以次减等，钞以纸之完损定值，亦奇闻也。崇祯十六年，欲复行钞法，阁臣极谏不听，会谍报流贼将犯京师，乃止。

　　清鉴于宋元明之币，不用钞法，顺治间，虽暂时行用，旋停止。五年，定钞贯之制，造钞十二万余贯。自后岁以为额，十八年罢止。且制钞不多，上下流通，仍以铜钱，故行之无弊。嘉庆十九年学士蔡之定，请行楮票，谕以前代行钞，弊端百出，利未兴而害已滋，并将蔡之定议处，以为妄言乱政者戒。迨咸丰二年，户部以军需孔亟度支告匮，议准暂行银票，造一百两、八十两、五十两之票，名曰官票。令提各省当杂各商生息币本，及现存未买谷价银两，而给以银票。又颁发钱票于京城内外，设立官银钱号，由库发给成本银两，并户工两部交库卯钱，以为票本。凡户部月放现款，一概放给钱票，在官号支取，俾现钱与钱票相辅而行，出纳皆以五成为限。凡地丁杂粮及一切解部之款，均以钱钞二千，抵银一两。四年，户部侍郎王茂荫奏钞票窒碍难行，严旨申斥，是年又准天津等商垫缴银钱，领取宝钞通用。五年以河南山东官款不收票钞，致票钞壅滞，谕令严参，并准人民赴上司控告，是年又令钱粮应搭官票，改换部颁之宝钞。六年上谕中，有直隶一省，钞票尚形阻滞，他省自更难流通之语。可见自咸丰二年以来，朝廷难厉行钞票，而四五年间，仍未能畅行也。然七年王大臣议准推行钞票章程，一准州县分设票局，一持票取钱，先尽饷票发给，余仍旧照掣字办理。一票价随银涨落，同时有现在宝钞，业已畅行。准以官票掣字换给宝钞之谕，是当银票钱票之外，又有部颁之宝钞，银票钱票不无阻滞，而部颁之宝钞，则似颇畅行。

　　按宋元明之交会关钞，暨顺治之钞贯，咸丰之宝钞，均属于国家纸币。至咸丰时之银钱钞票，有官银钱号，为收放兑换之机关，则已近近世银行兑换券之性质。自此各省官银钱行号，往往发行纸票，皆以行号为主体，推行只及一省或一城。迨光绪三十一年（1905年）二月，给事中彭述奏请仿西法发行银行钞票，三月二十三日户部议准复奏。大致称各国银行之设，平时发行钞票，收集现金，遇有缓急，为国家发行公债票，而复以所集现款，首先认购以为倡，大致银行通例，按照钞票发行数目，至少须储现款十分之三作准备金，其余即以所购公债票及各项产业为抵等语。并请先就北洋官报局印制户部银行钞票，是为中央政府发行银行兑换券之始。三十二年（1906年）二月户部奏派员赴日本，考查纸币印刷事宜，奏称造纸印票，宜分设厂局。三十三年（1907年）三月奏创办印刷局及造纸厂办法。原议设印刷局于清河，造纸厂于通州，嗣改为印刷局设于湖北，造纸厂设于汉口。于是筹拨巨款，分别进行。但造纸厂办理不得其人，开办数年，迄未能制造钞票需要之纸张。印刷局亦直至近年，始能自造凹板之钞票。而历年大清银行需用之钞票，则大半仍定造于美国。宣统元年（1909年）六月初七日，度支部奏定通用银钱票章程，谓嗣后官商银钱行号发行纸票，未发者不准增发，已发者逐渐收回，并严定准备，随时抽查。使银钱行号，专力于存放汇兑之正业。宣统二年（1910年）五月十六日，度支部奏定兑换纸币则例。

略云，发行纸币，固属国家特权，而政府要不可自为经理。近世东西各国，大都委之中央银行，独司其事，诚以纸币关系重要。倘发行之机关不一，势必漫无限制，应将发行之事，统归大清银行管理。无论何项官商行号，概不准擅自发行，此其要义一也。发行数目，平时应以准备数目为准，一遇银根吃紧，需要较多，即由银行体察情形，酌量增发。应如何明示限制之处，届时由部核定，此其要义二也。纸币之流通，全恃兑换，应常存五成现款准备，此外以有价证券,作担保,此其要义三也。自纸币发行之次年起,视银行所得余利,按年征收余利税,并以税率分作三期递进,此其要义四也。又称各省商号所发纸票,流行尚隘,应按年收回二成,期以五年收尽其官银钱号所发各票,为数较巨,不能不变通办法,应咨商各省,妥筹收换方法。前此大清银行所发通用银票,亦应陆续收回,以昭划一等语。又附片称嗣后银钱行号之票纸、照章按年收回,不准增发,违者无论官商,由部奏参等语。按前清末季,政府主张统一发行纸币之权,采取单数国家银行之制,规定各项法制,颇见斟酌。宣统二三年间,度支部执行限制滥币之法,亦尚严厉,惜为期短促而未竟其事耳。

第二章 庄票

第一节 概略

第一项 定义 性质

定义，庄票者，钱庄所出之凭券，允许到期兑款于持票人之票据也。

商业中钱业信用甚著，普通商人往往望风莫及，且商业习惯，庄票于钱庄破产清理时，享有优先偿还权利，庄票之见信于社会，缘是故也。

性质，庄票为商业票据之一，可以代实币，补金银之不足。通流市场，斋送简便，名之为交易之利器，信用之左券，谁曰不宜，由经济上论断，庄票乃楮币之有巩固保证者也，自不容等视于虚价滥纸。

第二项 出票

我国钱业，若他种合法商业者然，取自由设立之制，发行庄票为钱业自由业务之一。初无何等制限，官厅不得取干涉主义。惟值经济恐慌时，当有取缔发行，或勒令收回之规定。平时钱庄虽得自由发行，不受行政官厅之束缚。然非庄客请求，无自行发票之权。任意制中，盖有限焉。且也庄主对于庄票之清偿，负有无限连带责任。故庄客之请求者，非殷实可靠，或有存款为保证者，钱庄难遽首肯。有此数因，庄票之滥施，可无过虞矣。

第三项　票式

庄票系取无记名式，故得名之曰流通券。辗转让渡，互市赖之，列式如下。

```
┌─────────────────────────────────────┐
│              庄票式                 │
├─────────────────────────────────────┤
│                                     │
│   辛       计弍元壹仟两整    第     │
│   酉                         拾     │
│                              号     │
│                                     │
│   十二月八日    裕康                │
│                                     │
└─────────────────────────────────────┘
```

第二节　庄票之记载

第一项　记载

庄票如上式所列，由庄家编就号数，作骑缝式，票额，银数，期日，及发行庄家商号，均应载入票内，号数额数及期日上，盖有庄家戳记为凭。

第二项　固有性

庄票名词，专指商业流通券之由庄商发行者，实系期票之一种。其目的为替代实币，用虚济实，庄家负到期兑款之义务，以法理论实为优著之商约。况庄票之使用，在贸易范围多，普通民间交付上少乎。试与银行钞券较，相差实毫厘间。银行钞券，见票即兑。庄票到期始付，此其大别也。庄票固有即期者，然上海市上通行者，有期为例，要其异点，非仅此也。试将二者之性质法效，彼此相衡，不可同日而论。阅者读钞券与庄票之比较观，当可瞭然指掌间矣。等视之，确乎其不可，若谓庄票系钞券之雏形，则庶免学理事实之谬误矣。

第三节　银行钞券与庄票之比较观

兹请以二者之异点，稍申论之。

（一）银行钞券（即兑换券）发行权

非得各银行而有之，须得政府之查明合格，核准备案而后可。若法国全境内，银行有发行兑换券权者，惟法国银行一而已矣。法国银行有特许发行钞券专利，他银行莫得与之相竞，虽实际上法律固无禁止无记名即期票据之发行也。若各国采取多数银行发行制者（现时吾国亦采此制），政府允许，亦不可少也。至庄票则不然，各处庄号，均得发行庄票，政府官厅不得作干涉行为，滥发之弊。容或不免，一旦钱庄倒闭，商业民间，必受损失。然钱庄既负无限责任，庄主间且有债务连带关系，庄号破产，庄主难自保全，故钱庄之出庄票，亦非贸然行之。年来钱庄倒闭，时有所闻，而庄票信用，仍得坚持，亦视出票庄之信用程度若何耳。上海外国银行对于吾国庄票，乐受而不却，以是观之，庄票博得社会之信用心，若有胜于吾国银行钞券者，实非过甚论也。

（二）银行之发行钞券者

须备足法定之准备金，与夫公债券或各种有价证券，作发行钞额之保证。准备金定额，随各国法制而异同。钱庄发行庄票，无此法定条件。但商业习惯，持票人于庄号倒闭清理时，有首先清理权利，持票人所对钱庄权利，原为对人债权，既有优先权之保证。对人债权，不啻相埒于担保绝对物权。庄票持票人之地位，岂逊于银行钞券持票人哉，矧庄票之发行也，无定时，无定额。欲定准备金之比例额，事实上讵非难又实现耶。

（三）银行之发行钞券

须具法定准备金固矣，然其发行权操诸银行之手，银行或鉴于时势之需要，或审于营业之扩张，得增加其钞额，虽有请求政府核准之手续，多由自动力出之。至庄号发行庄票，必有庄客之声请而后可，非然，必为同业所不容，惯例所不许。故在法制论，钱庄有发行庄票之权，在事实论，钱庄之发票权，系属被动而非自动也。

（四）银行钞券　（国家银行钞券为主）

得享（法定值）及（强迫值）之权利。所谓法定值者，民间清偿债务，债权人不得却钞币而不受是也。然所受之钞币，得向发行银行兑换现款，所谓强迫值者，民间有应受钞币之义务，而无向银行兑换现银之权是也。法国银行钞券，当经济恐慌时代，法政府屡有压制强迫值之命令。一千八百七十年普法战争，与夫一千九百十四年欧战中，法国银行钞券持票人，无兑换现金之权利，惟准备金充足有余裕，市间钞值未折减耳。若庄票不得享有法定值之权利，债务人不能强债权人收受庄票，作债务之清理，而庄票持票人兑款之权利，自常存在而不容剥削也。

（五）银行钞券票额

必有定数，若五元、十元、五十元或百元等。庄票票额，殊无定例。有两之整数外，而连钱厘小数者。盖庄票由庄客请求而出，设庄客需款，向庄揭票，必使票额符合应需之数，以便一次清偿，然则所需数，人人殊，岂有定额哉。

（六）银行钞券之发行

为永远通用也，交易授受，无异金银实币。庄票则由庄号付款后，涂抹撤销顿为废纸。由是以观，钞券持票人，对于发行银行之债权，为无时效的债权。庄票持票人，对于庄号之债权，虽法律习惯无规定时效之期限，然久不追偿（即向庄兑现），必生否认之争执。在持票人负举反证之责，以推翻债务清偿之法规（测定），殊非持票人之利益也。余得曰，银行钞券，乃货泉之纸币。庄票不过泉币之表形耳。

（七）银行钞币除有强迫值外

不论何时何人呈兑，银行有即行付款之义务。庄票则到期始可向庄兑换，未到期前，钱庄自有却付之权。票式虽系无记名式，庄号得察问持票人之来历，或要求觅保，始允兑款。《上海钱业营业规则》四十条规定曰，近来窃票兑金贴现买货等事，时有所闻，凡有面生中外人等。持庄票兑换金银或贴现买货等事，必须询明店号住处，如寓栈房，或来历不明，须觅熟人担保，方可交易云。庄票遗失盗窃后，持票人得向庄号止付，登报声明作废。惟监守自盗者，不在此例（见《钱业营业规则》三十六条），若钞券遗失，则失主不得向银行止付，或登报声明作废，银行不问持票者之为合法持票人与否，见票有兑现义务。故票上载有认票不认人字样，所以明示银行不负付款责任也。庄票遭水火毁灭，亦得向庄声明，觅保立据收银，钞券毁灭，则若冯煖之自焚债券，银行于失券之债额，完全消灭，失主之损害，银行之利益也。

据是以观，钞券与庄票絜长比短，自不可混容一炉。虽然，学者岂得以其异掩其同哉，今试举其一二焉。钞券之发行者银行也，庄票之发行者庄号也,银行钱庄性质实同。钱庄者银行未发展之时代,银行者钱庄之变态,不观夫数年来沪上创立之华银行,尽是昔日庄号之改设者乎。《银行则例》第一条曰,凡开设店铺,经营各种期票汇票之发行,各种期票汇款之贴现,经理存款,放出款项者。无论用何店名牌号,总称之谓银行。是银行钱庄,鲁卫之国兄弟也。钞券庄票性质法效,虽各相异,其发行于同类之金融机关也固矣。

钞券庄票之让与,手相授受,初无通知债务人之必要(债务人即银行庄号),迨银行与钱庄清理时,钞券庄票之持票人,应处债权人地位,得有对抗股东之权利,此又其相同者也。二者拥带便利,输送简捷,以一叶阿楮,抵什镒而有余,庸非商业之大利乎。销除庄票之期限,与以永用之性质(若银票钱票然),钞券庄票奚有别哉。要知钞券之源,未始不源于庄票也。人生繁殖,互通往来,社会关系,愈形密切,贸易方法,愈需敏捷,庄票之昔日称为便利者,今日则嫌其迟涩,盖失票者有挂失作废之权,收受者怀盗窃止付之虞。于是银行之钞券斯尚。虽然,庄票持票人之权利,与钞券持票者相较,稳固多多矣。庄票之见信于社会,不逊昔日者,岂是故欤。设以钞券庄票相辅而行,以此之利,补彼之不足,则收集美广益之效,庄票近于古,钞券近于今。余故曰,庄票者银行钞券之所源也。

第四节　庄票期限　让与

第一项　票期

庄票之有期者,应于票上注明期日,若无期日者,应视为即期票。盖庄票乃钱庄之债券,债务既无时期之限制,债权人自有随时追索之权利。纵即期票向为地方习惯所无者,钱庄亦不得否认,期日之于庄票，谓之兑现之条件则可，谓之庄票成立之要件，则不通之论也。

庄家期票，多系定期，未有见票迟几天付款者。故照票例之得行于汇票支票者，不能行之于庄票。上海各庄票期，至多以十天为限，不得再远（见《钱业营业规则》三十一条），庄票是一短期票据也。设庄号违此制限，出票期在十天以外，票据发生效力与否，问题之须待研究者也。营业规则中，并不明载违限之制裁，法院判案亦未见有解决此题之判例，何以断之。曰，期日过限，固无害票据之效力，票据仍不失凭券兑款之性质。是在效力上观察，持票者宜保持其到期兑现之权利也。退一步言之，此种票据，若等视为普通允许券，与法国汇票之假设名义者相若（《法国商法典》一百十二条），钱庄兑款之义务，亦自难消灭也。且也票之过限，系发行钱庄之过失，与持票人若风马牛不相及，何得妄行嫁过于彼身哉。若钱庄有推诿兑款之权利也，则发行之权，操诸其手，其弊有不可胜言者矣。

第二项　让与

庄票在市通用者，均系无记名式，民间自可互相传授。所谓传授者，即让与也，让与人对于受让人，应负保证到期兑款之责。

第五节　庄票兑款

第一项　兑款

庄票辗转让与，后先授受。让与者为受让者之担保，再让与者为再受让者之担保，后先相继，共作维系。钱庄兑款后，担保人之责任，同时摆脱，非然，则彼此溯追，株牵多人，每见庄号倒闭，则让取人间讼事纷兴矣。

第二项　兑款期

商业习惯持票人往往将票委庄代收，上海钱业同行采用汇划制，收付票款，届期如持票取现，概归次日照付。过午后二时，例归次日付款。惟旧历十二月十五日起至年底止，随到随付（见《钱业营业规则》四十六条规定），票据到期，钱庄有兑款之义务，持票人有兑现之权利，兑现权利必须适期日行使乎，抑可随时行使耶。宗前之说，持票人兑现权利之中，有即期行使之义务。宗后之说，持票者行使之权，不限于时，兑款人付款之义务，存储永远，将何所从违耶。宗前说也，行使权之期限若何，违限之制裁若何，均非可片言断定者也。宗后说也，担保人之责任，至若何程度而止，时效适用与否，应行详明规定者也，判例既未有明文，习惯复无所依据，惟待诸正式票据法之宣布耳。

《法国商法典》一百八十九条规定曰，凡属商业票据诉讼权，无论票据之发行者，系普通商家或银行家，时期在五年以上者，尽归消灭，以声明拒兑或末次诉追为起点，惟曾有判决，或另立契据者，不在此限。

第三项　兑款法效

钱庄兑款之义务。票据到期后，始行发生。未到期前，钱庄遽与兑款，难逃恶意之测定，应负兑款之法效。所称恶意测定者，非谓钱庄证明其善意后，期前之兑款，遽得为有效也。钱庄明知未到期前，不负兑款之义务，知而行之，或出于不智，或出于疏忽，不智疏忽之损害，应由钱庄任之。票主自得向钱庄责偿，请求第二次之兑款，此之谓兑款法效之责任。

钱庄到期兑款。若无止付情事，其兑款应视为有效，钱庄所负义务，至此完全履行（止付之有效与否在下节申论之）。故《钱业营业规则》十八条载曰，庄票等款，一经照付，无论有何事故发生，不得追还。所以不得追还者，有效之兑款，不得撤销故也。

若是而论，兑款效力之发生，须视票据到期与否，及有无止付之行为而后定。先其期而兑款，或已受止付之通知而兑款，兑款之法效，应由钱庄负之。不合法之兑款，钱庄不得据以对抗合法票主之权利。钱庄兑款之义务，在法理事实上，不应视为已归销灭。何则，先期兑付，蔑视票期之效力，止付而付，固违兑款者之义务。此法理之不容承认者也。票主之权利。曾未稍偿。债主之义务。云已履行。此事实上之难称允当者也。

庄票未到期前，持票人可将票往银行或庄号贴现。贴现即第三者先期兑款之谓也，惟贴现者既居第三人之地位，其先期之兑款，不得不视为有效。是故止付在已贴现之后，止付不能发生效力。《营业规则》三十七条规定曰，挂失之票，查系自受愚骗，票入人手，或已付庄，或已买货。查明确实，有账可稽，有货可指者，俱不能止付。条文虽仅指诈骗而言，然未尝不可推广其义，以及于遗失、盗窃也。

又《营业规则》四十三条载曰，银行与各庄彼此收票，票上须盖某某亲收字样，倘有票面失盖图章，被人冒收，及发生意外交涉，均归失盖图章者自问。寻绎条文，设庄票失盖亲收图章，钱庄到期付款，即付于冒收者，亦不负责任，所谓兑款之生效力者也。至票上盖有亲收字样，则票据由无记名式，而变为指定人式矣。若钱庄付款于非指定之第三人，票虽到期，其兑款固不得谓为有效，庄号自应明察持票者确否系票上之指定人，或其代理人，然后兑款也。

第六节　遗失

庄票遗失后，未到期前，得向该庄挂失止付。固无已未照票之区别。盖庄票仅有定期，不若汇票、支票之有见票迟几天付款者，曰遗失，非偏指遗失而言也。《钱业营业规则》第三十六条规定曰，各业行用庄票，如实被盗窃，或遭水火不测，及确系遗失，曾经登报存案作废者，得向该庄挂失作废，暂行止付。过一百日后，失票人可觅保立据收银。担保之人，须该庄所信任，如监守自盗者，不在此例。试将此条解析之如下。

有下例事情之一者，失票人可向庄止付。

（一）盗窃

（二）水火毁灭

（三）遗失

止付之条件如下：

（一）登报声明

（二）官厅存案

失票人止付后，欲向该庄收银，须备下列条件：

（一）过一百日限期后

（二）觅该庄信任之担保人

（三）出立收据，作付款凭证

登报声明遗失式，有如下列：

遗失庄票

今在途遗失义源庄第一万一千九百二十六号庄票一纸。

十一月初十期，计元壹百零五两四钱五分二厘。

已向该庄主挂失作废。

请中外人等，切勿收用。

特此登报声明。

失票人　琪记启

《上海钱业营业规则》三十六条条文，与《法国民法典》二千二百七十九条法文互较，意义厥同。若合符辙，取欧州罗马法系之法制，而齐以吾国地方商业之习惯，探奥原理，以此例彼。是故不可以不论。

《法国民法典》二千二百七十九条载曰，动产之占有，即所有权之所属，但失物者或被窃者，得于三年内行使反复权，抗对持物者，惟持物者得向前手人抗追。条文规定之反复权，及所有权之测定，关系动产全体，具有民法原则之性质，至《钱业营业规则》三十六条，仅规定庄票之遗失而已。条义之范围较狭，且《法国民法典》所称之动产，系属民法，票据则属诸商法也。故谓二条条文法理贯一者，非绝对之说，乃相对之论也。试诠释《钱业规则》三十六条之真义，不过曰，庄票之占有，即所有权之所属，但失票者或被窃者得于履行规定条件后，行使兑取票银之权。义符矣，而未尽同也。

《法国民法典》二千二百七十九条与《钱业营业规则》三十六条，二者原则，不外以目的物之占有，为所有权之揭橥，然有例外焉。依法国法规定，动产之遗失，或被盗窃，物主仍有行使反复之权，则动产之占有事实，与动产之所有权，判然分矣。占有人断不得以占有之故，侵及所有权之行使也。依营业规则规定，遗失庄票或庄票被窃者，票主得有废票之权，仍行收银之利，则庄票之占有，与庄票之所有权，亦不容混视矣。庄票占有人，不得即称为所有权行使人，原主既有声明作废之权，则占有是占有，所有是所有，占有人不禁失其权利之依据矣。一言以蔽之，反复权与撤销权具同一之效力，效力维何，分离占有所有之相系，维持原主固有之权利是矣。

《法国民法典》二千二百七十九条限制反复权，应在三年之内行使，三年之时间，即反复权消灭之时效也。我国法制本无时效之规定。营业规则三十六条亦未有撤销权时期之限制。然欲复取所有权之行使，须备规定条件而后可。条件为何，过一百日之期限，觅妥保，立收据是矣。按法国法善意持物者，有向前手溯追之权，互比例断，第三善意持票者，应有同等溯偿权也。《钱业营业规则》三十六条载曰，各庄逐日经收到期各票，倘遇出票者不测，虽票面涂销，而银未收到，次日仍将原票退还原家，惟不得迟至三日，倘迟延三日，尚未退还，归执票者自理。条文虽仅指出票人破产而言，然持票者于出票人破产，得有退还之权，何为于票据之作废，反不得向前手溯追乎。出票人破产，持票者丧失其全部或一部之权利，票据作废，持票人不得受票权之应偿，其因既同，其果庸有异乎。

由是观之，反复权与撤销权系对抗第三者善意者之权利，非直接对抗得遗失人及盗物者也。物主昔日之合法所有权，足以对抗之而有余。若盗物者或得遗失人以其所不合法占有，让与第三者，设此第三者毫不知盗窃遗失之原因，则原主之权利，尽行丧失乎。抑得依据遗失盗窃之事实，对抗第三者之善意乎。向使原主之权利，视为永远存在，其所有权之主体，毫不以丧失占有，有所损害，则原主主权从未间断，反复权之胜利，撤销权之合理，无庸疑窦矣。夫盗窃遗失之事实，惟原主之所有权与夫合法之占有，得以抗对第三人善意之占有。若受寄财物人，德国法称之为占有代理人，既不得为主权之所属，亦不得为合法占有之所系。倘一旦受寄物遗失，或被盗窃，失占有者，非受寄人乃寄托人也，故受寄人无若何权利足以对抗善意之占有也。设失物或被窃者，虽非正式物主，乃占有人有所有权之行使者，则前论为不确矣。盖物主既自弃其占有矣，盗窃遗失之结果，不夺物主之占有，乃夺占有人之占有，使第三善意者占有其物，物主不得以盗窃遗失之事实对抗之，何则。物主之失占有，不失于盗窃遗失之日，乃失于占有授受之日，以占有授人，物主已默受占有不测之危险，物主既负占有之危险，则第三者之善意取得，对物主为正当确定矣，何以言之。物主之直接占有，失于诚意之让与，其间接占有，失于占有人之失占，是在物主方面，丧失占有之主张，已归不能成立，盗窃遗失之事实，自与彼若不相涉者然也。第三者之占有，非源于物主之损失，自有保持所得之权利，物主付托非人，损由自取，第三人善意者之权利，安得以物主之自误而受剥削哉。若是而论，遗失盗窃之抗阻，不在于事实之主体，而在于双方法律地位之斗争，原主损失之地位，与第三人善意者取得之地位，互相竞较，究竟孰占优胜。原主损失，固有受赔之权利，第三取得，既无不法之行为，将何所从乎。曰，原主之损失，不能取偿于第三者之善意取得也。余故曰，物主既自弃其占有，不得以盗窃遗失之事实，对抗第三人善意者之权利也。

二条文之规定，似有牴牾所有权之真义者。夫所有权者，物权之最著者也。占有者，事实合法也。主权不因占有而丧失，占有不因不合法事实而取得，明甚。不知条文承认所有权，因占有之丧失而丧失者。盖以原主失占有，或由其过失，或由其疏忽，居一于此，而第三者被原主之抗对，是善意者无端受原主过失疏忽之恶果，事之不平，理之不允者也。

有人焉，放弃自己之占有，寄物于其友，是信之也。若托非其人，则物主不明人之过也。人负其信，咎将谁尤。纵受寄人诚愨无他，其子孙之贤不肖，不可知也。纵贤矣，误认寄物为遗产，转让第三者，在第三者不悉前情，乐而取之。在物主放弃占有，凑成其事，岂得以所有权之所属为口舌，行使其反复权、撤消权哉。依条文之原则，法国法视动产之占有，为物权之所属，《营业规则》视庄票之占有，为票权之所属，占有者主权之良证，物主寄托他人，以诚愿行为，作占有放弃，占有放弃之事实在先，当有所有权流行授受之认可于后，第三者果系善意占有，其所有权之取得，彰彰明矣。盖双方利益地位相较，原主不智之过，不容推诿，且占有既出愿意的放弃，不啻自行放弃其利益，至第三善意者，无过失之可责，又无危险之自承，准理揆情，第三者之宜占优胜也允矣。此法国法所以维持第三者之权利，而《营业规则》之有监守自盗者，不得声明作废，止付之规定也。

侵占事实之原于寄托或借贷者，不得与盗窃遗失相提并论，已深言之。盗窃遗失之事实，实出物主之意外，寄托借贷之行为，乃出物主之诚愿，危险责任，随转授目的物而发生焉。至雇用员役与受寄人自无区别，若雇员而作侵占行为，当在监守自盗之例，反复权、撤消权之不能行使也亦明矣。

法国大理院一千八百八十八年三月二十八日判例曰，银行职员之侵渔舞弊，非常人盗，乃监守盗。自不能行使反复权以抗对第三善意者。

第七节　持票人之权利与义务

庄票到期，持票人得向该庄兑款。票额或系银数，或系洋数，如系银数者，兑款时以洋厘核算。洋厘之升涨低落，恒视金融之窘裕为转移，即经济学供求例之果也。惟钱庄计算洋厘必较市率稍高，所差之厘头，为庄号营业之赢利，盖商业习惯若是也。

持票人为庄号之债权人，到期当有兑款之权利，然无到期必兑之义务。依上海商业习惯，持票人兑款权利，并无时效之限制，庄号一日存在，持票人有一日兑款之权利。设庄号倒闭，持票者应享有首先清偿之优权，前已备论，兹特略之。惟对于期日悬久之票据，庄号得依据正当理由，否认而拒绝兑款，然此系事实问题，不涉法理。故若持票者，能确实证明票之不虚，则无论期日之久远，庄号不得脱卸其兑款之义务。索兑之权，既垂永久。给兑之责，岂容限制。此亦庄票与银行钞券相同之点也。

《钱业营业规则》三十三条曰，各庄经收到期各票，倘遇出票者不测，虽票面涂销，而银未收到，次日仍将原票退还原家，惟不得迟至三日，倘迟延三日，尚未退还，归执票者自理。条文专指庄号持票者而言，试问三日退票之期限，可得抗对非庄号否，问题之须资考究者也。夫庄票流通市上，互相授受，经手人非止二三而已。彼此溯追，动需时日，若仅有三日之期，作退票之规限，事安能济，依条文严格意义解释之，三日之期限，专为庄号之经收到期票者而设也。然则通常持票者追抗之权利，无期限之规制乎。曰，是又不然，法院法例谓持票人应于最短适当期限内，通知前手，是受让人有急促通知之义务，使让与人得行种种救济手续，非然者让与人自不负损失之责任，而所谓最短适当之期限若何，从未有明文确实之规定，自在法官之自由审度，征诸地方惯例，揆诸事情法理，斯为允耳。至若持票人稽延其通知，使让与人处不可求偿之地位，遑论其故意串同，让与人自有适用其否认责任之权。

持票人除向前手抗追外，自得直接向兑款人追偿，彼固有优先清理之权利在也。惟持票人权利地位，与存款人相较，孰占优胜，犹有待于法院之解决焉。

庄票持票人于庄号拒绝兑款后，得行宣告破产之请求，惟考我国逊清光绪三十二年（1906年），商部奏准施行之破产律，早于三十三年（1907年）十月二十日以明文废止，见在破产程序每由各方习惯而异，是犹待立法者之纠正之也。

第八节　贴现

庄票未到期前，持票人若有急需，得向银行或钱庄贴现。但贴现之行号，每有到期不兑，票属盗来之危险，故非庄号素著，或持票人来历不明者，多被拒绝。

第三章　汇票

古者日中互市，以所有，易所无，商业之枥也。商始而圜法兴。夫圜法起于周，变于历代，货币之类不一，于是汇兑尚矣。若今日之以银易洋，以洋易铜币，兑换也。每见业是者揭橥而标曰，每洋银角若干铜币若干，兑换之价率也。我国正辅币之比价，因币制之紊乱，多受奸黠之轩轾。而以重易轻，资买卖之需要。兑换之于商业，诚有不容已者也。

有人焉，居于此，需款于彼。乞第三者任此转移之劳，免自行赍送之劬苦。与夫道涂之险害，第三者从其请，受款于此处，移款于彼方，此所谓汇款也，此所谓汇约也，汇与兑自不同焉。汇款人先受对方之银款，或购对方之货物，或得其归偿之许约，始负汇款之义务，有所受而后有所授也。

汇约都以书信式出之，故名曰信汇。信汇者，汇款钱庄或商人函致他方钱庄，令其付款于持票人之谓也。若汇约成立时，第一义务，（交款义务）即时履行，当为片务契约，非然者系双务契约。至第二义务（汇款义务）之履行，以交与汇票为实践，于是乎汇票上之特别义务发生焉。

第一节　定义

汇票者系一兑券，汇款人资以请求第三者，付款于持票人或票上指定人也。第三者为承兑人，持票者为领款人。

票式

汇票程式,不一而足。有由钱庄向他庄发出者,有由商人向钱庄发出者。兹将各种汇票式,罗列于后,以资与法国汇票参较焉。

```
            合同汇票式

   第  凭  此   第  凭  此
   支  凭  向   凭  此  向
   期  凭  宝   凭  宝  宝
       祈  庄   祈  庄  庄
       付  照   介  照   照
           介   期   介   介
                元

                      月         月
                      日         日
```

（注:此处为"合同汇票式"样式图，左右两联对称，中间有骑缝线及○印记，文字为"此向宝庄照介""凭囗祈介期元""第　号""月　日"等；左联另有"此向宝上海庄照介""期元""凭囗祈付""第　号""支期""月　日"等字样。）

普通汇票式

○○字号支洋　　○○字第号　　祈汇付英洋　　上　　宝庄 照解　　字第号　　宝庄 照解

元正　　元正　　月日　　月日

```
┌─────────────────────────────────────────┐
│              外行汇票式                  │
├─────────────────────────────────────────┤
│                                         │
│  ○      ○     ○            ○           │
│  ○      第    ○   向       ○           │
│  名     ──   名            宝           │
│  下     号    下   庄       号 照付      │
│  讫           讫   介                    │
│  元     凭    元                        │
│         票          是荷倘有遗失作为     │
│    言   汇     某   废纸无保不付此向     │
│    明   到     日   上海                │
│    汇          见   言明汇至上海见票    │
│    至   号     票   迟期  天无利交付    │
│    上                    莫误           │
│    海                                   │
│    见   月                              │
│    票   日                              │
│    迟                                   │
│    期                                   │
│    天                          月       │
│    交                          日       │
│    付                                   │
│                                         │
└─────────────────────────────────────────┘
```

外行汇票式

○○宝　号　照付

向○○庄介

○○名下兊元

凭票汇到　某日见票

第　　　号

言明汇至上海见票迟期莫误是荷此致上海

天无利交付

月　日

凭信汇票式

向○○庄 照解

○○宝号 照解

付无误此致
订明汇至上海见信迟期

兹元

今收到○○号 某日见票

凭信字号第○○○号

○宝号 照解

订明见信迟期

兹元

凭正信汇交○○○

废纸无保不付
倘有遗失作为
天无利交

天如数交付此致

月 日

注：第一式合同汇票，各埠庄号向上海庄号支解者，用此合同汇票式。

第二式系汇票式之最普通者，庄号向别号支解，多用此式。

第三式系各埠商号支上海商号汇票式，钱庄解银后，送还托解商号，由商号再寄交出票者。

第四式乃凭信汇票，实与第三式大旨相同，各埠商号每用此式。

第二节　汇票之成立及其记载

今试将合同汇票，先申言之。此式汇票由庄号向他庄发出，请其支付款项者，具有上下联根。上根存汇庄备查，下根寄与兑款庄。票之效力，全以庄号图章为凭，盖汇票纯系私式文书，若民间之买卖契约者然也。

（一）合同汇票之名自何而来乎

曰，有合同，然后有汇票。汇票者，乃汇款人履行义务之目的物也。有汇票而后有履行汇票之义务。合同汇票之原，汇票合同之果，合同在先，汇票在后。合同与汇票，不可相提并论。合同之义务与汇票之义务，固自迥然异也。

汇票之应记载者如下。票款额、付款地、承兑庄号、汇款庄号、骑缝票号、期日等是。

（二）第二普通式汇票之记载

亦有款额、地点、庄号、期日等，票号序次，以字号编就之。见上列票式。

（三）汇票若由商号向他商号发出者

其记载则有不同者矣，此为第三式汇票。第三式之特识，为票向商号发出。而承兑者系庄号，故有向某某庄解之注明。考《法国商法》一百十一条，亦有汇票得向某者发出，而向第三者领款之法文，正与吾国此式汇票相似，法制比较法应行采取之点也。

第三式之记载，有款额、出票商号、受票商号、解款庄号、期日号次等。其记载之特别者，有若言明汇至某处，见票迟几天，无利交付莫误，倘有遗失，作为废纸，无保不付等。无利交付者，出票人与付款人均不给票款利息之谓也。出票与领款时间，相距虽远，领款人无要求利息之权利，法国汇票亦然，惟无此记载耳。至遗失作废，无保不付之条款，所以防遗失盗窃之堪虞，亦正以善护持票人之权利也。

（四）第四式凭信汇票

外埠商号多用之，分正信、附信二截，正信由出票家直接寄与承兑家，其记载有收到某某号若干款额，及第三式内各种条款。若言明汇至某处，见票迟几天，无利交付莫误，倘有遗失，作为废纸，无保不付等。附信由出票家交与领款人收执者，其记载有凭正信汇交某某若干款额，订明见票迟几天，无利交付，及期日等是。

正信中（收到某某）条款，他式汇票无此记载。考法国汇票收款之记载，更较明晰，须注明收款之原因，或现银，或货款，或账款，我国汇票，则收到二字尽之矣。依法商法，收款之原因不明，其记载应视为欠缺，记载欠缺，则义务之原因丧。义务丧其因，债务人当无履行之责，票券不啻失其效力。惟出票人主张义务不存在时，应负立证责任耳。（见法国大理院一千八百八十三年五月三十月判决）

第三节　汇票性质效用

第一项　性质

汇票之出票人兑款人既均为商人矣（庄号或商号），汇票之应视作商券也，当无疑义。汇票原因之性质，究属民或商，可不具论。矧从事实论断，汇票之发行，都基于买卖交易乎。我国法院组织，具体而未备，商庭与民庭混合未分，是从法院管辖权论，亦无区别汇票性质之必要也。

第二项　效用

我国汇票效用，与法国汇票较，实无多让，彼此互比，不相悬绝也。输运之艰费，可因汇票而省焉。金融之窒涸，得资之为挹注焉。虚实相济，助货币之不足，汇票之于商业，岂曰小补之哉。

法国经济家鲁琪曰，举百钧之石，须策群臂之力而后可，用一竿，则中人之力足矣。何则，势有所因也，世间贸易之值，诚商业重载也，举此重载之竿，汇票是矣。汇票者泉币之标识，犹若泉币者货物之标识也。虽有高谷浚海之遥隔，一纸汇票，数百万铢缙，驿乘而过，驀地而绕，物减其重，地缩其壤矣。鲁琪之说，岂过论哉，购买货物，无现金以偿其值，立一汇票以代之，是汇票乃替代泉币之良楮币也。票之未到期者，持票人得向银行钱庄贴现，一转移间，现款可得，汇票诚足称为信用券矣。

第四节　汇票关系人

第一项　出票人

吾国汇票出票人，例为钱业或普通商号，至法国汇票出票人，商与非商，固不论焉，此非以言吾国非商人无出票之权也。盖民间使用汇票之习惯，尚未畅行耳。将来银行业发达，汇票使用之普及，可拭目俟之（与第六章票据结论互考）。出票人之义务安在，曰使到期日兑款而已。《法国商法典》一百十八条载曰，汇票出票人与转让人，有连带保证兑款人认票兑款之责任。其揆一也。

第二项　领款人

领款人，为汇票之利益人，凭票向庄兑款者也。惟汇款若由第三人交付者，法商法名之曰付值人，譬若处宁波者，欲寄款于上海某友，可往庄将汇款付清，钱庄即掣与汇票，汇款人即以票寄往上海，其友可持票向指定承兑人领款，是寄款者为付值人，受票者为利益人也。

吾国汇票除凭信式外，均无领款人之记载，合同汇票通式汇票概不注明领款人及付值人，商号汇票或有表示付值人之记载，一言蔽之。吾国票式繁多，既无法文规定，复乏确切习惯为标准，故票内记载多凭商家之己意，上所言者，特其概指若是耳。

汇票成立时，领款人或即为付值人，譬若在沪者欲赴浙杭，因现银取携之不便，向庄汇款，是持票者为付值人，并为领款人，惟持票人得以汇票转让第三者，于是受让人即为领款人矣。考法国商法，领款人应记明汇票内，犹须以命令式出之。非然，则汇票顿失其流通转让之效力。

第三项　承兑人

承兑人或为钱号，或为商号，依法理原则，承兑人对于领款人本无直接应行之义务，故承兑者常得拒绝领款人之请求。惟见票迟期付款之汇票，若照票时，注明见票期日，则承兑人转移间为领款人之直接债务人，于是不得不履行其义务矣。

依前述票例，汇票领款人或用记名式，或用无记名式，二者均可转相传授也。法国汇票惟具领款人命令式者，始可流通让与。若领款人系指定某某者，汇票即丧失其流通之性质。依一千六百七十三年谕令，法国汇票得用无记名式者，自商法典修订后，遂不得用此式焉。然空白背面让渡式之汇票，不在禁限之内。是则无记名式之禁制，殊乏法理充分之理由也。英国法制自一千八百八十二年律例颁布后，汇票得用无记名式，美国法制亦准用而不禁。

第五节　汇票兑款地　票期　款额

第一项　兑款地

汇票兑款地，若无特别注明，当在承兑人住所。若汇票上载有向某某庄解字样，则在指定庄号。法国商法所谓兑款住所人也。

各国汇票有汇款与兑款地同一城者，吾国汇票之兑款地，必不同于汇款地，票之使用使然也。

第二项　票期

票期有出票日与兑款期之别。若汇票系定期者，票载期日为兑款期。如票系见票迟期几天交付者，则其所载期日为出票日。吾国汇票无出票迟期几天之例，且无照票法定期限，故票有不注出票日者。

第三项　票额

票额或洋数或两数，均用大写号码，明记票内，上加庄号图记，以防涂改增减之弊。

第六节　汇票兑款期　让与

第一项　兑款期

汇票兑款期，或为定期，或为见票迟期几天者。前者票期确定于票据成立时，后者仅定于见票时也。法国汇票期除前述惯例外，尚有出票迟期几天者，见票迟期一月数月者（或准以三旬为一月），亦有在市会日者（市会有若吾国之迎神会），较吾国纷杂矣。定期汇票最为商业惯用，出票时将期日注明票尾，以示期到款到意也。见票迟期兑款票据，以照票日为票期流行始点。考《法国商法典》一百六十条规定，承认（同照票）期限，随地之远近，有三个月、六个月、一年等。吾国商业习惯，无此制限，即征之判例，亦未见有照票期之明定，是法国法之违限制裁，不能援用也固矣。

票期既以照票为起点矣，见票日期之注明，当为不可少之手续。考法国商法，见票迟期付款之汇票，其票期始点，或以承认，或以否认证明，或以承兑人签押为准，亦云明确矣。

即期汇票持票人，不论何时，有兑款之权利，然持票人得迟滞不兑乎。曰，然也。吾国消灭时效素无明文之规定，票权安得以时间而失其效力哉。考法国法则不然，《商法典》一百六十条规定即期票兑款期限，有三个月、六个月、一年等，过限则持票人失向前手人抗追之权。若过五年，则票上权利完全消灭，此所谓票据消灭时效也。（法《商法典》一百八十九条）

汇票出票人，每将汇票第三截存根，寄与承兑人，承兑人未接原根前，必不愿兑款，或注见票日期，惧欺伪也。若有原根在手，票之真伪，不难立辩。盖票券编有骑缝号次，符与不符，相较瞭然也。设承兑人未接票根，贸然兑款，日后镠辖，应由承兑人负责。承兑人受票根通知，得预筹应付款项，对出票人亦有确据可凭，此票根通知法之利益，而为法国汇票所欠缺者也。

第二项　让与

汇票之让与，有若债权之让与者，让与人对受让人，不仅担保债权之存在，且担保到期日债权之清偿，是与法国法债权让与之规定有间焉（见法《民法典》一千六百九十三条至一千六百九十五条）。至受让人与被让人间关系，则被让人得以所能反抗让与人之权利。反抗受让人，惟若一旦被让人承认其汇票，或注见票日期，则被让人不啻自承为受让人之债务人，于是不得不履行其债务人之义务，其义务为何，兑款是也。故《上海钱业营业规则》十八条载曰（各业收取票款，不论支票汇票本票，及电汇信汇各款，一经照准照付，倘有事故，均不能将已付之款追还），至让与人与被让人间之关系，则被让之付款，对让与人有清偿之法效焉。

第七节 基金

某商向某号发汇票，即汇款至指定地之谓也，是汇款者出票人应行之义务也。欲行其义务，非握有适当履行方法不可。其法维何，供基金是矣。盖承兑人于票未照准前，固无对持票者履行义务之可言，前已申述矣。承兑人必待票款基金实行收到，或到期日基金不致空落，始肯承认汇票。非然，出票人之债务，将由彼负之，所谓代人受债矣。出票人既供基金，应负义务有似乎已尽之矣，然犹未也。汇票上担保之义务，除担保债权存在外，犹须担保第三者之实履其义务也，然则基金应由出票人供乎。曰，是未尽然也。有人焉，欲汇款至某地，偿债也，充行囊也，姑置勿论。必往庄号，揭一汇票，若此人非将现款交清；或本有存款于庄者，庄号必却其请设，庄不拒而允之，必其人之信用著也。是之谓往来信用契约，以有存款论，出票人为领款者之债务人。出票人为履行其义务计，在彼应供基金于承兑人固矣，以交现款及信用契约而论，基金由汇票付值人供之。或此或彼，汇票之付值人，均为汇款人无疑也。夫依民法（不当利得）之原则，基金应由汇款人交付，理之当然者也。然则所谓以有存款论，承兑人应供基金之说，不几牴牾原则乎。曰，是又不然。出票人原为汇款人之债务人，出票人立票后，其债务随票额之多寡而减缩矣。纵立票之目的非为清偿债务起见，而立票之效力，适得其正也。或曰，安知汇款人之存款，非为基金之设立乎。曰，由子之说，则供基金者必为利益人矣。向使领款人出票人间原无债权关系，汇票亦无从而发生也明矣，此岂通论哉。余故曰，以存款论，基金应由出票人交付也，失之毫厘，差之千里。诚不容以汇票基金与汇票债权原因，鲁鱼亥豕也。虽然，以事实论，领款人与付值人得兼合于一身，此问题之所以转入纂奥欤。

考法商法，由他人之请求而出汇票者，出票人不负供款之义务。

至吾国商业习惯，出票人对承兑人，负有担保之责。盖承兑人凭出票人之图章而兑款，出票人与汇款人间之关系，固可不问也。

基金者何，承兑人对出票人所负应偿之款也。在同行钱业间，必先有彼此向发汇票之约，或此号存款于他号，作所发汇票兑款之用。每届期结算，清理余欠，此简易办法也。此所谓往来票款也，若汇票由商人向他商发出者，款常由某庄代解，前已言之矣。其故有二，商人信用，远不及钱庄，一也；商人与庄往来，每将余款存庄，以取息利，如有急需，则仰诸彼助，斯得资本流动，有恃无恐，二也。故商人有应付之票款，必托素所往来庄号解款，票上注明（向某某庄解）字样，指定庄不啻为汇票承兑人矣。惟《上海钱业营业规则》二十七条规定，各埠有辗转托解款项，其凭信及解条或票根，均须托解者，盖有托解图章。

或曰，承兑人向钱庄托解款项，可向解款庄发支票，以此简易之法出之，不其愈乎。曰有是者，今譬有二商号焉，缔立往来契约，此号向彼号发出汇票，得谓基金存在可乎。曰，若存某种款项时，指明为交付汇票之用。受款者无自由处置该款之权利，则其为基金也明矣。非然者，将何以解之。曰，有数说焉。第一说者曰，设票据到期，往来账负欠者为承兑人，不论中间出票人有欠负与否，应视基金为存在也，此说与往来账均一之性质背驰，不可采。第二说者曰，持票人于票期日从无强迫兑款之权利，然于承兑人对于出票人所负之款，固有优先清偿权也。此说不过前说之蜕化耳。第三说者曰，设往来账上承兑人欠数超增，不妨视为出票者之偶然债务人，谓之基金存在可也。盖此非双方信用契约之关系，乃明确实在之债权，以彼方之债务，作此方应供之基金，谁曰不宜。

今试以持票人于基金之权利，用法意推申焉，设票已照准。而票款尚未收到也，持票人对承兑人，有直接追偿之权利，不问基金之存在与否也。盖照准者表示承债之意也，照准法效，与法商法之承认，有同似焉。承兑人应负履行义务之责，当有向出票人追索之权。不得援用未受基金之事实，对抗照准之效力也。若基金存在，而票未照准，款权既已转移，持票人亦有责承兑人履行其义务之权。盖基金所有权，已归诸持票人矣。如有数汇票向商人发出，而基金不敷偿付，则奈何？曰，付款人先其已照准之票，然后及其未照准之票，依票期之先后而付焉。是罗马法所谓（时先者权先）也。

如票未及期，出票人破产。在承兑人手中之基金，其所有权既由让与而转移。当然作为持票人之优先应得权利，自无与其他债权人共同匀摊之虞。至让与之合法与否，吾国法律习惯，均无撤销诉讼权之规定，固得置而不论也。

第八节　兑款

票据到期，持票人得向承兑人请求兑款，至票期之确定，或在成立时，或以见票后迟期为准，前已详言之矣。依《上海钱业营业规则》规定，到期各票，次日始行付款，且以午后二点钟为限。逾限归次日照付，惟旧历十二月十五日起，至年底止，随到随付。（《营业规则》第三十三条及第四十六条）未到期前，持票人固无请求付款之权利。若急须现款，可将票让与他人。或至银行贴现，是于请求付款权利之外，得有救济法焉，此汇票之所以胜于普通债券也。

在承兑人方面论断，期前付款，应负兑款之法效。所谓兑款法效者何也，兑款后之发生轇轕，由承兑人自理之谓也。如票已到期，又无止付情事，则承兑人之作为，应视为具有清偿之效力。而承兑人对持票者，常得询明其来历，免日后之交涉。若有疑窦，得留款不付，须觅人担保，方行兑付。然案商业习惯，商人收付票款，每委托庄号代理，各庄自相汇划，免现金授受之繁。沪人有设立票据交换所之倡议者，或将由此发轫乎。

承兑人之兑款也，或由于存款。故由于信用借贷，故以存款论。承兑人兑款，减缩其对于出票人之债务，以信用借贷论。承兑人有向出票人索款之权，此所论于承兑人与出票人间之债权关系也。

汇票之兑付，有不用银款而用记账法者，钱庄将票款登入持票人往来账内，作为存款。或活期，或定期。若系活期者，持票人得向庄号自发支票，惟以存额为限。以其所应得，偿其所应付，是亦商业趋轻就简法也。

第九节　遗失

汇票流转授受，有遗失之虞，如票内注有（倘有遗失，作为废纸。）条款，拾得者无所用之，盗窃更无论焉。设票内不载作废之条款，持票人自有申明作废，向庄止付之权也。设止付后，第三者持票向庄兑款，则若之何？曰，如票未照准，则第三者无对抗承兑者之权利。承兑者无应有履行之义务，任第三者与止付者自理可也。如票已照准，则对此第三者，有不能不付之势。而对失票者，更负兑款之法效，将如何而可也？曰，兑款人自有令第三者取保之权在也。然彼失票人欲取票款，庄号亦必令其取保而后可。故汇票载有无保不付条款，向使失票人取保领款矣，其付款之效力奚若。设有第三者持照准之票，向庄兑款，有应付义务乎？抑或第三者仅有向收银者担保者，追还票款之权利也。曰，以法理论。持票者得以照准为根据，向庄号兑款，庄号惟得向收银者担保者，追还损失而已。然若二者均乏履行义务之能力，其损失不得不由庄担负矣。考法国商法失票人欲向承兑人领银者，亦有觅保及法官指令之条件。若兑款后，有第三持票人呈出承认之汇票，向承兑人兑款，其权利若何，并无明文之规定，是在法之自由取舍而已。

第十节　汇款收据

汇票领款人收款后，填立收据为证。其式有二，或系单式者，或系复式者。复式正收条，由承兑人寄交出票者，副收条存庄备查。单式者则无留庄副据，兹将收据式列后。

```
┌─────────────────────────────────────────────────┐
│                单　式　收　据                    │
├─────────────────────────────────────────────────┤
│                                                 │
│   解          今收到      ○○宝庄介来○○○名下    民国     │
│              　　　　　　　　　　　　　　期元          年       │
│   君号行                                        月       │
│                                                 日       │
│   住                                                    │
│                                                 收      │
│   路                                            款      │
│                                                 ○      │
│   里                                            ○      │
│                                                 具      │
│                                                 │
└─────────────────────────────────────────────────┘
```

复式收据

副 收 条	正 收 条
民国年 月 日○○具 期元○○宝庄介来○○○名下 今收到	民国年 月 日○具 期元○○宝庄介来○○名下 今收到

第四章 期票

第一节 概略

期票为商业票据之一。依广义言，其类有三：曰债券，曰庄票，曰商业期票是矣。民间债券者借款人允许于某日期归偿于借款人之凭券也，借者为立票人，贷者为利益人，名之曰期票。奚而不可，然债券无可传授流通，或向银行贴现，此其所以不得列为商业票据也。庄票之定义曰，庄票者钱庄所出之凭券，允许到期兑款于持票人之票据也，钱庄为立票人，持票者为利益人，是庄票者钱庄所立之期票耳。第庄票已于第二章详细研究，兹请将商业期票稍申论之。

吾国期票之特性，为发票者商人，而付款者系指定之钱庄也，揆厥其故。盖商号信用，不及钱庄。商人独出之票，社会不乐取之。于是欲其票之见用也，不得不仰钱庄任兑款之责焉。汇票之向商人发出者，每注有向某某庄解款之文，同此意耳。

第一项 定义

期票者，出票人委钱庄于某日付款之成文票据也，其与汇票之委任性质，有相似也。

第二项　效用

期票之效用与汇票等，省现金之赍送一也，补泉币之不足二也，利资本之活动三也。

吾国期票之流通于市者尠，票据未臻盛行时期，汇票支票足以代之而有余。

第二节　票式与记载

期票系用记名式，其式如下。票款金额，领款人姓名，具票人姓名，兑款庄号期日等，均应记载票内。期票具票人不得与汇票出票人等视并论，至兑款庄号，亦仅居代理人之地位而已。

期 票 式

凭票祈付

○○○银

○○宝庄台照

月 日

两整

具票人章

第三节　期票汇票互比论

夫期票之目的，在未来之偿付。汇票之目的，在债权之转移。偿付由乎己，转移由乎人。由乎己者为对人之债务，由乎人者为对人之债权。对人之债务，恃期票为直接之清偿。对人之债权，借汇票为转移之关键，作债务间接之偿付。期票与汇票，实有相同之效力。而期票之所以为期票，与夫汇票之所以为汇票，自不可同日语也。兹举其相异之点如下：

（一）汇票关系人有三：出票者，承兑者，领款者。出票者领款者之债务人，承兑者之债权人也。汇票不过使其债权，转移于领款人，作清偿债务之使用，惟须担保兑款之实行焉。若承兑人承认所发之汇票，则承兑人领款人间，发生直接债权关系。于是领款人有迳行对抗之权利，承兑人不得辞其义务之履行矣。至期票关系人，惟具票人与领款人，具票者系债务主，领款者系债权主。兑款之钱庄不过居第三人地位，绝不能视为具票者之债务人。故期票在法理上，毫无转移权利之效力。票之义务人为具票人，非代行兑款之钱庄。领款利益人依票据而得之权利，仅得对抗具票人，不得对抗钱庄，此期票与汇票之相别者一也。

（二）汇票兑款地必不同于发票地，期票则不然。此其别二也。

（三）汇票发票人，得为票之利益人，（领款人）至期票具票人必不得以自己利益，对抗己身也。其别三。

（四）汇票不论为庄号或商号发出者，不易其固有之名，期票之由庄发出者，名曰庄票。其别四。

（五）汇票日期，或为定期，或为见票迟期几天，期票者定期票也。其别五。

第四节　让与

期票之让与法有二。若系无记名式者。交手授受而已。若系指定人式者。须在票之反面。注明（请付某某照收）字样。应由让与者盖章签押。方为合法之让与。

第五节　兑款

持票人于票期日，得向指定庄兑款。惟若具票人先不以款交到，庄号既无交付之义务，自可拒绝其请求，领款人仅得向具票人追索而已。盖票上之义务人，在此而不在彼也。设庄号先无票款之收受，后代具票人履行其债务，该号自得向债务人追偿垫款，并至清偿日之利息。

第六节　中法期票互比论

试以票上关系人论，法国期票之关系人，具票人与利益人二者而已；吾国汇票关系人，犹有代理兑款之钱庄在也，以票内记载论。债务原因之记载，为法国期票有效之要件；吾国期票则不载焉，以期日论。法国期票有定期者，有见票迟几天者；吾国期票则以定期为例。法国期票之命令式，为票据移转之要件；吾国期票虽用指定人式，然固不禁其为流通票据也，以持票人权利义务论。依《法商典》一百六十一条规定，持票人应于票期日即向具票人请求偿付。依一百六十八条规定，逾一百六十条期限者，持票人失向上手人追偿之权利。法国大理院一千八百五十八年二月二十三日判例有曰，期票上手人让与时，虽在具票人破产之后，若持票人逾一百六十条期限者，亦得援用一百六十八条之律文，对抗持票人之请求。吾国期票持票人到期有领款之权利，无应领之义务，未有逾期丧失向上手人追债之权利者。然从法理论断，持票人故意延迟之恶果，应作放弃权利论，自负其损失也，此特从其异者而言之。至法国期票之主债务人，与吾国期票之主债务人，同为票据之具票人，此其相同者一也。二者期票均不能生承认之问题，（承认即吾国之照准）此其同者二。法国犹有所谓住所期票者，与吾国商业期票更若牟同。盖住所期票兑款人，亦为第三指定人。而第三者所处地位，正与吾国期票兑款庄相埒，不得视作票之主债务人。故依法国《商法》，具票人不得援用商典一百七十条律文，对抗持票人之权利。此又其同点之最著者也，故作互比论。

附　　注

金陵所称期票者有三：曰期票，曰即票，曰上票。期票盖有钱庄图戳，票期直书某月某日者，到期即兑；月日下注期字者，到期迟三日始兑。以是观之，金陵期票，由钱庄负责兑款，其性质颇同于汇票，即期票见票即付。有同于划条，上票无庄号图戳，不负兑付之责。持票人若被拒绝，仅得向具票人求偿，是金陵上票，实所论之期票也。

第五章 支票

第一节 概略

支票又名兑条,票据之一也。可以流转资本,充补泉币,省却输银之劳费,其功用与汇期票相较,不多让焉。吾国支票与英法支票之大别者,在乎有期与无期之分。然吾国支票之有期者,不得向银行钱庄贴现,盖商业习惯若是也。英法国人民每以积资存诸银行,(此风英国犹著)需款时,即向银行发支票,故其用广。吾国习用支票者,除通都大邑外,民间使用者,绝无仅有。故其运用之范围狭。将来银行业勃兴普及,支票之用斯尚矣。

种类 票式

支票可别为三:曰三联支票,曰四联支票,曰散根支票。奚名三联支票也,曰,分三截,中截为票身,上下截为票根,上根存出票人处,下根存庄。奚名四联支票也,曰,票分四截,首截为出票人存根,第二截为支票,第三截或连支票,或交庄号,第四截为留庄存根。奚名散根支票也,曰,支票除票身及出票人存根外,犹有散页票根,由出票人寄交解银庄号。散根支票之名所由来也,上海南市庄号多用此式,兹将各种支票式列后,备参览焉。

三联支票式

支 第
期 号

○○宝庄 照介

此向

期元

凭票祈付

第 号

支期

双力
汇划

次日照付
二点钟后

月 日

四联支票式

| 支期 第　号 | 第　号 支期 | ○○宝庄 照介 第　号 支期 | 此向 期元 ○○宝庄 照介 | 凭票祈付 第　号 支期 |

双力

汇划二点钟后

次日照付

月　日

月　日

散根支票式

支祈第 元付号	此即向元	○○宝庄照介	第支元号	○○宝庄照介
汇双划力		月日		

第二节　支票性质　记载

第一项　定义　性质

吾国票据法尚未颁布，票据法理有待推索。故难与支票以合法适度之定义，今姑采法国支票之定义。稍加变易而定曰，支票者，出票人用以提取一部或全部可行处置之存款，向钱庄发出之票券也。或曰支票之性质若何？曰，吾国使用支票者，既以商人为主体，视之为商券可也。考法国《商法》，支票于商为商券，于民为民券，其性质固非由物观而定也。且也吾国法院之组织未备，以管辖权论，原无民庭与商庭畛畦之别。支票性质之于实体，法不足讨议也。

第二项　记载

支票之应记载者，如兑款期款额号次兑款庄号等，此记载之必要者也。余若（汇划双力二点钟后次日照付）等款文，此记载之次要者也。

支票联册由庄号交与存款人者也。发票人使用时，须填明号数款额票期，复于存根上注明支款数目票期及领款人姓名，以备考也。庄号兑款后，亦将领款人付款期记载于留庄之联根内。若是而观，吾国支票之记载，与英法支票有同不同者在焉。英法支票，即期为例，所注期日系出票期，至吾国票脚注期系兑款期，此票内记载之大别也。

第三节　兑款

第一项　兑款期

支票兑期注于票尾。票期与票值，实相维系。曷故，未到期前，持票人不得向庄支用贴现，是持票人兑款之权，停止于票期前，生效于票期日也。

吾国支票，与法国汇票有相似焉。持票人兑款之权，见制于票期。按之法理，票期为停止权利发生之事实，然停止之权利，不过兑款之权利，至主体之债权，已否发生，则另一问题也。将何以解之？曰，在发票人方面论，持票人之债权，早经发生，无庸疑窦也。在兑款人方面论，则未受发票人票款以前，彼无应行之义务。既无应行之义务，持票人对彼之债权，自未发生也明矣。

第二项　兑款法效

吾国支票系无记名式者，但发票人转让人于票期前，得向庄号止付。若止付后，仍行兑款者，其兑款绝不发生效力。盖发票人于转移债权后，仍持其撤销之权，此所谓相对之债权转移。债权转移，已归撤销，撤销后之兑款，自属无效也。虽然，止付之权，非无限也。票已照准，或已到期照付，兑款人既无抗兑之权。溯往之止付，当然不生效力也。

第三项　让与

支票出票人，负有担保兑款之义务。故持票人到期不得兑款者，得向出票人追偿。《上海钱业营业规则》第三十六条载曰，（支票以押脚之字号为重，故能市上通用。各业支出银两或银圆之票，倘到期不付，得向出票有押脚之字号追取，以杜借票取巧之弊。）持票人对出票人追偿权外，仍有向前手让与人请求偿还之权，惟依上海钱业同行习惯，应于三日期内，将票退还。《营业规则》第三十三条曰，各庄逐日经收到期各票，倘遇出票者不测，虽票面涂销，而银未收到，次日仍将原票退还原家。惟不得迟至三日，倘迟延三日，尚未退还，归执票者自理。

第四项　汇划制

各庄所出支票，到期均系汇划。某庄应收之票额，溢于应付之票额者，收其正较。应付之票额，溢出应收之票额者，付其负较。此欧美先进国票据交换所之制度也。

第四节　支票基金

何谓乎基金也，支票应付之款项也。吾国支票基金存在之时间，有异乎他国法制，非法理之异同，实票期之关系耳。按法国《商法》，支票例为即期，持票人有随时兑款之权利，则基金之应存在于出票时，固矣。吾国流通支票，有期为例，期前持票人无兑款之权利；夫权利与义务，相辅而行。且在法理上观念，权利在先，义务居后。持票人权利未发生前，出票人供给基金之义务，当在停止时间也。盖简言之，基金者，兑款人对出票人所负之债务也。其债务或为存款，或为代收票款，均得作基金之使用。设基金额不敷多数支票之交付，则若何？曰，期先者权先耳。（罗马法则例）

第五节　持票人之权利与义务

支票到期，持票人得向兑款人请求兑款。若兑款人拒绝其请，以基金不存在，或不足为辞，持票人可转向出票人请求偿还。盖出票人对持票人原有担保兑款之义务在也。

支票之见票迟几天者，若经照准，注明见票期。持票人得以直接债权，责偿于见票人，然出票人担保兑款之义务，继续存在。故若持票人于兑款人破产后，未得全部或一部之清偿，仍可向出票人求偿也。惟持票人应于若何相当期间内通知兑款人，向其求偿，商业习惯既未有确切之准则,当由法院揆诸事实情形,以自由之审度权规定之,又按法国法,支票持票人应自出票日起,于五日内请求兑款。若付款地同于出票地者,八日内,若付款地不同于出票地者,如逾期不请求者,丧失其向上手人追偿之权利,且也出票人如能证明基金之存在。及其消灭原由,与彼不关涉者,持票人亦不得向出票人追偿。(一千八百六十五年条律第五条)律文显明,不难稽考。吾国则求之习惯,随地而异,泛移无定。求之判例,判例不云,是必有待于票据法之明文耳,且也吾国法律原无时效之规定,是票据债权消灭之问题。仅能在事实上论断,难以法理言也。

各庄经收到期各票,出票人如遇破产,持票者应于三日内退回上手人,逾期归执票者自理。此《上海钱业营业规则》三十三条对于退票期限之规定者也。

支票倘被盗窃遗失,或遇意外不可抵抗力而毁灭,失票者得登报声明挂失,向庄号止付,惟票若已经注明照准,止付不能有效。(见《营业规则》第十八条与第三十四条)

附　　注

宁波名支票曰上票,上票系见票迟期交付者。若注(即过)二字,明示见票迟五天付款,(祈发)二字。迟十天兑款,惟宁波上票之名,不可与金陵上票相混。一系支票,一系期票也。(见第四章期票附注)

第六节　专解本票

考外国票据,有划线支票者,始于英,行于各国。何谓划线支票也？曰，支票上划二并行横线，线内注写某银行或公司字样，或不注亦可。注明者非指定人不能收款，注公司或仅有横线者任何银行，可能收款，无他，防遗失盗窃之虞也。盖拾得遗失票与夫盗窃者，欲领票款，非向银行请求不可。在银行得详察其来历，抉发其真情，在付款人有立时兑款之责务，安得一一而审之哉。又考英国

专解本票式

第〇〇号

双汇力划

计 洋 元 〇〇 两整

年庚 〇月〇日

代划条免力随时照付
此票专介〇〇银行以

出票人章

支票有载（不流通）条款者，寻绎其义，若作票据不能移转者解，实以表示让与之效力，不得过于原有之权利。故失票者，依此条款，得向第三善意者，追还遗失或盗窃之票，是亦划线支票之广义也。上海通行商业票据，有专解指定银行式本票，票上盖有专介某某银行图章。惟此指定银行得有收款权利，是无记名之票据，一转移间，遽为确定记名票据，流通效力，不免减缩，而执票者之权利，巩固多矣。遗失盗窃之危险，执票人有恃无恐。盖兑款人有兑付指定人之责，无兑付任何持票者之权，否则应负兑款责任。而负第二次兑款之义务，是专介式本票功用，与英法国划线支票相衡，其揆一也。故特列入支票章内，其式如下。

第七节　划条

划条性质，与支票无大异。出票人以之请求庄号付款于持票者，或将请求人存款，支出某数，收入指定利益人账内。盖划者移也，移此作彼，商业所谓转账也。惟欲取现银者，须庄号向出票人印盖回单而后可，此划条之效用性质也。

第一项　记载

划条之记载，有如期日号次付款庄号领款人款额等，此记载之最要者也。余若（汇划双力，几点钟后，次日照付）等款文，此记载之次要者也。

第二项　票式

划条式，多凭出票人己意而定，难例于一，兹将普通票式列下。

```
┌─────────────────────────────────────┐
│            划  条  式                │
├─────────────────────────────────────┤
│                                     │
│   祈  ○   此  ○   第    支         │
│   划  ○   上  ○         元         │
│   付  号      宝   号              │
│       即      庄                    │
│       元      照                    │
│               解                    │
│                                     │
│   汇双    来盖         年          │
│   划力    回单                     │
│   三次    单为         月          │
│   点日    为凭                     │
│   钟照    凭           日          │
│   后付                             │
│                                     │
└─────────────────────────────────────┘
```

第八节　支票划条比异论

或问曰，子列划条于支票章内，然则二者无以异乎？曰非也。支票存根有二：一留庄号，一留出票人处，划条存根一而已，此其异一也。支票有定期者，见票迟几天者，划条即期为例，此其异二也。支票依商业习惯，均用无记名式，划条无定则，此其异三也。支票之付款也，若期前无止付情事，应视为有效之兑款，至划条须庄号持条向出票人印盖回单，始得付银，此其异四也。按法国与我国见票迟期之权票，兑款人承认照准后，领款人与兑款人间，发生直接债权关系。故法国法有承认人履行兑款之明文，而《上海钱业营业规则》第四十三条，规定对票注明日期以后，不能止付。由是言之，回单者所以证明出票人领款人债权关系之成立。照准承认者，所以证明领款人兑款人债权关系之发生，一经承认照准，兑款人负必须履行之义务。领款人之权利，多一保障，然则回单之利益曷在？曰，以领款人方面论，遗失盗窃之危险，可得无虞。以出票人方面论，假冒骗款之举，可以无忧矣。

结　　论

贸易何自而始乎，始于有社会。人生社会，各有所需，人求于我，我亦有求于人，天然之惯例，不可逃也。能耕者未必能织，能织者未必能耕。然而一夫不耕，或受之饥，一妇不织，或受之寒，要之织者需耕，耕者需织，凡百工艺，因相为命，岂徒耕织而已哉，贸易者所以通有无也。票据者所以便贸易也，故票据之作，不作于作之日。盖必有所由起，票据之行。不行于行之日，盖必有所由兆也。夫票据分二大类：一期票，二汇票支票是矣。期票由出票人发出，交与受票人，许以某日付款者也，钱庄之庄票，银行之本票。与夫商人发出之期票，皆属焉。若夫汇票与支票，付持票人向第三债务者领款之权，具债权让与移转之效力。而此债权之移转，发票人负有担保清偿之责。至让受人（领款人）对抗兑款者之权利，惟于被让人承认后，方有根据。然承认之举，（俗名照票）更所以防出票人之滥发票据也，票据承认矣。不啻变为兑款人自立之期票，兑款人因为票据之主债务者，倘到期拒绝或无力兑付，发票人当有履行偿还之义务。彼钱庄商号所发之汇票，为此庄号令他庄号付款于持票人之票据也。支票为存款人向庄号发出，提付存款之票据也，二者相去仅止一间耳。惟考吾国支票有异于法国支票者，其基金不汲汲存在于支票成立时，是也。若夫法国支票基金，应于支票发出时，即须存在。盖以法国支票之特性，不得有期。银行有见票即付之义务，发票人自有先供基金之责任也。现时吾国商业通行之划条，钱庄亦有即付义务，其性质与法国支票相同。而划条有印盖回单之手续，作债权关系成立之保证，此划条胜于法国支票之点也。由是观之，期票与汇票支票性质，实有不同。期票具允许性质，立票人允许某日兑款之票也。汇票支票具委任性质，无论钱庄商号发出之汇票，商人非商人发出之支票，均系请求往来钱庄商号。兑款于第三者（持票人）之票也，允许为双方直接之明约。委任为指示履行之书文，允许属债主之行为。委任系权主之动作，自不可同日语也。然考吾国期票，在市面流通者，多由钱庄发出。或由钱庄承兑，由商人自行承兑者，绝无仅有。汇票不论钱庄所发者，或商人所发者，其兑款人必为钱庄。且得在银行钱庄贴现者，惟钱庄之期票汇票而已。揆诸原由，未尝不因商人之信用，不及钱庄也。矧庄票为钱庄优先债务，合伙股员对于营业，负有无限责任，债务连带关系。同业又有互相维持之责，然则其信用之优著，非偶然也。反观外国期票（以英法论）其由商人发出承兑者，多于由银行发出者，汇票向商人发出者，亦溢于向银行发出者。彼国商人之信用见孚于社会，与银行相埒故也。吾国商人盖兴起乎。

　　吾国商业惯例，买卖交易，皆以纪账为凭。债权人可向债务人收账，未闻有向债务人发一汇票，嘱其支付于第三者，亦未闻有债务人对债权人所立期票,可流通于市面者。如能一旦将收账旧章,改以票据贴现法出之,商业获便多矣。夫票据之作用,盖以运实于虚,使商业金融,流转无滞。而虚不废实,仍有现币可资。非如楮币之即以纸为币,不能课实也。商人可持票向银行贴现,银行可以已贴现之票据,再向中央银行贴现。在中央银行得以票据为保证品,增发兑换券,以济市面之需要。曾若是,票据之功,顾不伟大哉。

附　　录

一　票据法草案[*]

我国现今尚未有正式颁行之票据法，惟前清政府曾请日人志田钾太郎拟有票据法草案一种，亦从未公布。兹抄录于此，以备参考。

第一编　总则

第一章　例法

第一条　本法规定关于一切票据事件。本法所未规定者，适用各地方习惯法，其无习惯法者，适用民法。

第二条　票据债务者，其能力依本国法定之。本国法有规定适用他国法律者，即适用其法律。

依前项所指定法律，虽为无能力者，然依他国法律。若为有能者时，则其在他国领土内所发票据期约，即为有效。

第三条　票据缔结之款式，依其缔结所在国之法律。

第四条　执票人行使票据权利或为保全债权，而作成拒绝证书一切行为，悉依所在国之法律。

---

[*]　志田钾太郎拟。

第二章　通则

第五条　票据之种类，有汇票及期票。

第六条　署名票上者，依票上所记文义而负其责任。

第七条　代理人不于票上记明为人代理意旨，而自行署名者，其本人得不负责任。

第八条　票据上记载本法所无规定之事项者，不生效力。

第九条　票据上应负债务者，不得以本法所无规定之事项，以抗执票人之请求。

第二编　汇票

第一章　汇票之发行及款式

第十条　汇票款式，应具备下列各项。

一　应表示为汇票字样，此表示以本国文字为准。

二　载明一定金额，嘱前手照票付款文义。

三　付款人姓名或商店字号。

四　一定满期日。

五　付款地方。

六　执票人姓名或商店字号。

七　发行年月日及所在地方。

八　发行人署名盖印。

汇票之发行，得从一地方发出向他一地方，亦得于同一地方发出之。但其给付之实价,无须记载。

第十一条　汇票不具备前条所揭各件者,除本条第二项所定情节外,其汇票作为无效。

汇票未载明期限者,认为见票即兑之票。其未载明付款地址者,依票上所载付款人住址,认为付款地址。其未载明发行地址者,依票上所载发行人住址,认为发行地址。

第十二条　发行人得以自己为指定债权人或为付款人,但同时兼为三者则无效。

发行人得对于第三者之计算而发行之。

发行人得为认票不认人(所持人付)之规定而发行之。

第十三条　汇票除认票不认人者外,虽票上无债权移转之规定,得依于票背签名法,而转让于人。

发行人得于票上载明禁止票背签名(里书)及辗转让与,凡有此规定者,执票人须以普通让与方式转让之。

第十四条　发行人得于付款人住所地内,记明预备付款人住址,或记明与付款人住所地相异之付款地。

第十五条　凡见票即兑及见票后定期付款之票,发行人得就票面金额,定其应付利息,其他汇票无须记载。

票上未记明利息者,以年利五分为准。其时效无特别规定者,自发行日起算。

第十六条　票据上记载金额之字,若中国数目字及西文数目字并用者,以中国数目字所记为准。若中国字所记及西文所记有数回者,其金额不符时,以其所记最少金额为准。

第十七条　汇票债务人内,有为无能力者,其债务取消时,与本票据上其他债务者无涉。

第十八条　汇票上代理他人署名,若无本人之委托或逾越代理权限者，当自负其责任。

第十九条 汇票发行人须担保承诺及付款。

发行人不得于票据上，记载不能担保付款之意旨。

发行人得为免除作成拒绝证书之规定。

第二章　票背签名（里书）

第二十条 执票人欲将其票上权利转让于他人者，须于本票背面或副票或草票上，记明意旨，并指定所让与者（被里书人）姓名，由本人签名盖印方为有效。

其仅有让与者之签名，而未指定被让与者姓名者，谓之空白签名，其效力亦同（白地里书。）发行人及承诺人担保人付款人等，皆得依票背签名而承受汇票权利，亦得依此而让与他人。

第二十一条 汇票票背有为认票不认人（所持人付）之规定者，须由发行人保证，始生效力。票背签名人，载明以票面金额之一部让与他人者，作为无效。

票背签名人附记条件者，作为无效。

第二十二条 汇票上一切权利，依票背签名，而让与执票人。

票背签名人对于被签名者，除有特别规定外，须担保汇票之承诺及付款。

第二十三条 汇票上有空白签名者，执票人得享下之权利：

　　一　于空白签名内，誊自己姓名。

　　二　于空白签名内，誊他人姓名。

　　三　仍用空白签名，让与第三者。

　　四　记载他人姓名，而作成票背签名款式。

第二十四条 票背签名人于急迫之场合，得记明预备付款人。

票背签名人，除自为发行人外，得于票上记明不担保付款之旨。

票背签名人，得批明禁止后手之票背签名。凡有此规定者，票背签名人对于后手汇票之移转，得不负其责任。

票背签名人，得批明免除作成拒绝证书之旨。

票背签名人所附记事项，仅对于其后手之被签名人者为有效。

第二十五条　执票人有票背签名者，应依票背签名之连续关系，而证明其所有权，但最后之票背签名。虽属空白无记名者，亦以执票者为票权适当人。

空白票背签名之后，次以正式签名者，即认其签名人因空白签名而取得汇票权利。

第二十六条　汇票债务者对于执票人，得以抗辩之理由，限于下列事项：

一　直接对于执票人所存者。

二　基于无能力者。

三　基于汇票本文及票上所记载之事项者。

四　基于本法所规定者。

但以恶意对执票人者，虽有前列事由，仍得对抗之。

第二十七条　票背签名人有批明委任他人代理兑款或记明有代理字样者，认其执票者，为票背签名人之代理人。

代理执票人得行使票上一切权利，但将票上债权转让于人者。当依其票背签名时，有无委任提款权限为据。若无委任提款权限之字样者，债务人得以其事由对抗之。

第二十八条　票背签名中，有批明该票系为担保或质当及其他质权设定字样者，认其执票人为质权人。

票背签名人，将票据质押于人者，票据债务者不得以可以对抗于票背签名人之事由，以抗执票人，但执票人有恶意者，不在此限。

第二十九条　汇票票背签名之效力，满期日以前所签者，与满期日以后所签者，其效力同一。但拒绝证书作成后，或经过法定拒绝证书作成期间后，而为票背签名者，则其效力与民法所规定之通常让与权同。

第三章　承诺

第三十条　执票人于汇票满期日，得执票向付款人呈示要求承诺付款，其票为一人单独占有者亦依此行之。

呈示地点，以付款人住所地为定。

付款人姓名下所附记之地址，认为付款人住所地。

要求承诺，须于营业日行之。

第三十一条　汇票执票人，须行其要求承诺之呈示，其有规定于一定期间者，须于期间内行其呈示，但其呈示期间末日，值法定休息日时，应于其次营业日行之。

发行人得规定执票人于一定期间内，不为要求承诺之呈示。但他埠付款之票，与见票后定期付款之票，则绝对不得禁止呈示。

票背签名人得批明命执票人为要求承诺之呈示，但不得于其可以要求承诺之票，而禁止其呈示。

本条所禁止之句语，概不得记载。

第三十二条　见票后定期付款之票，不问距离远近，从发行日起，须于六个月内向付款人为要求承诺之呈示。此期限发行人及票背签名人，均得缩短之，其延长期限，则惟发行人得为之，但延长不得过六个月，逾此限者，呈示期间与时效通算缩短为一年。

第三十三条　承诺者须于票上记明承诺之旨，由付款人署名。

票上已经付款人署名者，认为已经承诺之证。

普通汇票之承诺，无须签日。但见票后定期付款者，或有特别规定于一定期间内呈示者，须记明其呈示日期。

凡于草票或黏单或特别封套，表示承诺者，付款人得不负债务责任。

第三十四条　汇票付款人须为票面金额全部之承诺，但因当事者之便，不妨承诺其金额之一部。

承诺付款人更改票面文义字句者，执票人得认为拒绝承诺举动，但承诺人依其承诺之文义，而负其责任。

第三十五条　他埠付款之票，所记付款地与付款人之住所地有异，而发行人又不于票上记明付款担当者时，则付款人须于其承诺时记之。若不记之者，则付款人应负向付款地付款之责。汇票上载明可于付款人住所地付者，虽记有付款场所，而付款人当承诺之际，得依自己之便，于付款地址内，另记他处付款场所。

第三十六条　执票人已为要求承诺之呈示，则付款人须于呈示后次日营业日，复函通知之，执票人无以汇票托于付款人之义务。

第三十七条　付款人承诺后，届满期日，对于执票人应负清偿其所承诺金额之责。

承诺后，不如期付款者，执票人虽自为发行人，而对于承诺人有直接讨款之权。

第三十八条　付款人于汇票承诺后，须致函通知其执票人或其代理人及汇票债务者，其汇票交付后，不得私将承诺字样抹消。

第三十九条　付款人除明示拒绝承诺之外，或于执票人呈示次日，不明示承诺之意，或乘机抹杀承诺字样（第三十八条），或当承诺之际，涂改票上数字及文义者，悉认为拒绝承诺行为。

第四章　代人承诺（参加引受）

第四十条　汇票值拒绝承诺作成证书之场合，或票上载明免除作成拒绝证书之场合，以及第七十一条所规定之场合。至满期日，或汇票之债务者，或以外之第三者，得为发行人或票背签名人或本票债务人而为代人承诺。

第四十一条 发行人依第十四条之规定，于付款地内，记有预备付款人者，执票人因拒绝承诺之场合，欲要求代人承诺者，须先将票据呈示于预备付款人。若预备付款人又不承诺者，须将情节记于拒绝证书内，方为有效。若不依此次序办理者，执票人即丧失其满期前所有之请求偿还权。

执票人对于代人承诺，除前项情节外，无受诺之义务。

第四十二条 代人承诺须于票上记明意旨，署名盖印，并记明其被代人姓名。其未记明被代人姓名者，认为对于发行人所为代人承诺人，须于代诺后二日内，以邮政挂号函件，将代人承诺意旨，通知其被代人（即汇票债务者）。

被代人接到代诺之通知后，二日内须直接通知其前手，各依次序递及，以通知于发行人。

第四十三条 代人承诺人因代诺之故，对于被代诺者之后手与被代诺人，负担同一之义务。

执票人经代人承诺人承诺之后，值拒绝付款之场合，不向代诺人为要求付款之呈示者，或迟延至拒绝证书作成期限之末日。依拒绝证书不能证明其呈示者，则代人承诺人之义务当然消灭。

执票人已允许代人承诺人之承诺者，即失其对于前手满期前所有之请求偿还权。汇票虽经代人承诺人之承诺，然被代诺人及其前手依本法第五十七条所规定，照票付款时，其有拒绝证书者，得向执票人直接索回其票据，则各向其前手以次讨回。

第五章　保证

第四十四条 汇票之付款，得以保证担保之。

保证以第三者为之，但对于执票人增加担保时，汇票债务者亦得为之。

第四十五条　保证之形式，须于汇票上或草票（誊本）或粘单（补笺）上，记明某某保证字样，署名盖印，方为有效。

署名于汇票之表面者，认为保证，但第三十三条第一项所规定付款人承诺之署名者，不在此限。

保证须记明其为何人保证之旨，其不记明者，认其为承诺人所为，其未经承诺者，认其为发行人所为。

第四十六条　保证人与被保证人，须负共同债务之责任。

保证人虽于被保证人之债务无效时，仍须负担其义务，但被保证人之债务，因方式欠缺而无效者，不在此限。

保证人因保证之结果，而自己履行债务者，则凡被保证人对于其前手所有之请求偿还权，皆得取而行之。

第六章　满期日

第四十七条　汇票之满期日，因票据之性质而异，须依下列四种之一为准：

一　其确定满期日付款之票，应载明其确定日。

二　其确定签日后定期付款之票，应载明其自确定日至经过一定期日。

三　其见票即兑之票，应载明其见票日。

四　其见票后定期付款者，应载明其见票后经过一定期间之日。

汇票以习惯定满期日者，作为无效。

一种票据内而有上列两种以上满期日者，作为无效。

第四十八条　汇票之满期日，若值星期日或法定休假日，及其他不得付款之日者，须俟其次之营业日，行其要求付款之事。

第四十九条 汇票上恩惠期日，不论裁判上裁判外，皆不认之。

第五十条 见票即兑之票，须于呈示时付款，其呈示不问距离远近，须于六个月内行之。此时效，发行人及票背签名人均得缩短之。若延长其期间，惟发行人得为之，但延长不得过六个月，逾此期限者，通算呈示期间缩短以一年为限。

第五十一条 见票后定期付款之票，其期间须自承诺日或拒绝证书作成日算起。

其票上未记明承诺日者，执票人得依此作成拒绝证书。其期间，自拒绝证书作成之日算起。其不据此理由作成拒绝证书者，依第三十二条所定呈示期间之末日，以算定其满期日。

第五十二条 凡本法所规定计日起算之期间及见票后之期间，其初日皆不并算在内。

第五十三条 汇票规定于押日后一个月或数个月付款者，以其届所指之月之某日为其满期日。若其月无应当日者，以其月之末日，为其应行付款之日。其规定一个月半或数个月半付款者，其满期日须合全月计算而半分之。

第五十四条 记月半者，指其月之十五日而言。

其规定八日或十五日者，非谓一星期。一星期必以满十五日八日为准。

第五十五条 汇票发行地方历朔，与付款地方历朔歧异者，票上满期日若未指明某历时，则依付款地方之历计算之。

其为签日后定期付款者，若未指明某历，则依其发行地方之历。又定其期间之始期。

其见票后定期付款者，依其呈示地方之历，以定其期间之始期。

第二项之规定，其为见票即兑之票，及见票后定期付款之票，其呈示期间之计算亦适用之。

第七章　付款

第五十六条　执票人得于票据上所定付款日之二日内,向债务人呈示票据,而要求付款。

第五十七条　付款人为履行付款时,得向执票人请求交出票据认明。

付款人认付票面金额之一部者,执票人不得相拒,但凡仅付金额之一部者,付款人得将其旨意记明于票据上,并得向执票人请求收款凭证。

第五十八条　执票人无于满期日前受诺付款之义务。

付款人于满期日前付款者,其付款之效力,应负其责任。

付款人虽于满期日付款,然其票背签名次序,不能确认为适当之连续者,则不能免其责任,但票背签名人之真伪,付款人亦无调查之义务。

第五十九条　票据上所列货币。为付款地方所不适用者。除发行人有特别规定外。届满期日。付款人得依票面数目。以本地方货币行情换算付款。其列外国货币之价额者。依付款地方之法律及习惯定之。

发行人得于票据上规定异种货币换算方法,其有此规定者,其所换算之金额,付款时,以本国之货币行之。

第六十条　第四十七条所定期间内,不为要求付款之呈示者,承诺人对于执票人之危险及费用,得于其管辖官厅供托其票面金额。

第八章　拒绝承诺及拒绝付款之场合
执票人之请求偿还权

第六十一条　执票人值债务者拒绝承诺或拒绝付款时,须作成公正证书以确定之。

拒绝付款证书，不得作于拒绝付款之当日，但须于当日以后两日内作成之。

第六十二条 发行人于票据上有载明免除作成拒绝证书之规定者，执票人值拒绝承诺及拒绝付款之场合，无须作成证书，得径向前手请求偿还。

发行人虽有前项规定，而执票人仍请作成拒绝证书者，其费用由执票人负担。凡有前项之规定者，执票人须于法定期间内，呈示其票据，又依第六十四条之规定，应负通知其前手之票背签名人及发行人之义务。此期间内不为呈示者，即丧失其第七十三条所定之权利，付款人得以逾期自误之理由对抗之。

发行人于票据上记明免除作成拒绝证书者，虽票背签名人有反对之规定，而对于一切票据债务者，仍有效力。

票背签名人有此等规定，而仍作成拒绝证书者，其费用得向一切票据债务者请求之。

第六十三条 凡作成拒绝证书者，须将付款人委托付款人预备付款人及代人承诺人各住所记明。

第六十四条 票据上有免除作成拒绝证书之规定，而值拒绝者执票人，须于呈示后两日内，将拒绝承诺或拒绝付款事由，直接通知其前手。其票背签名人亦须于同一期间内，抄录后手之函，复通知其前手，以次推及发行人，但其期间，各从其接受通知后算起。

票背签名人不记载住址，或记载而含糊不明者，得直接通知于该签名人之前手。

除前项各自直接通知外，执票人须于四日内，将拒绝情节，直接通知于发行人。通知函件，须由邮政挂号保险邮寄，方生效力。若由各前后手当面交付者，须由接受人出一收条，签押姓名日子，其效力亦同。

执票人当拒绝付款之场合，不于法定期间内，依前项通知者，虽不失其请求偿款之权，但因迟延所生之损害，应负其责任。

第六十五条　署名于票据者，不论为承诺人为票背签名人，其对于执票人均负担共同债务之责任。

付款人拒绝承诺或拒绝付款时，执票人对于发行人与票背签名人及其他票据债务者，不拘债务次序。对于一员或数员总员，均得行其请求偿还权。

第六十六条　执票人对于债务者，得照以下所列金额请求偿还：

一　票据上未交付之金额。

二　作成拒绝证书费用，及对于前手人与发行人所通知之各费用。

三　回头汇票之费用。

四　应出六百分之一之手数料。

前项所列之金额，于满期前请求偿还者，其利息依其住址之附近银行，及市场日息计算，将票据上金额扣除。其于满期后请求偿还者，自满期日起，以年息五分利率计算。

第六十七条　票背签名人受后手之请求偿还后，得对于其前手之人请求偿还。

下列各款：

一　其已支付之金额。

二　付款日以后之法定利息。

三　代垫之费用及回头票之费用。

四　六百分之一之手数料。

第六十八条　凡受偿还请求者，得转请求其将拒绝证书及收款清单，并原票据，一概交付。

第六十九条　票背签名人收回汇票后，得将自己及其后手人票背所签姓名涂销。

汇票债务者，凡遇请求偿还人条件具备者，须以其偿还金额。与其汇票及拒绝证书,互相交换。

第七十条 票据因一部承诺之故,而请求偿还,其未承诺之金额者,须于其票上记明其一部付清之旨,且得请求交付收款凭证,执票人亦须将所有汇票及拒绝证书一并交付。

第七十一条 凡汇票值承诺人破产时,不问其裁判缺失与否,或承诺人停止付款者,或将承诺人财产强制执行而不奏实效者,或使执票人将失其期限利益者,均与拒绝承诺之场合同,执票人得作成付款拒绝证书,径向前手人请求偿还。

发行人适值破产,其汇票又无承诺者,执票人对于发行人及票背签名人,不得再行其请求偿还权。

第七十二条 依第六十五条及第七十一条之规定,凡执票人票背签名人有请求偿还权者,汇票上无反对之规定时,得以其前手之人,作为付款人,而并发行回头汇票。

回头汇票,其金额除第六十六条及第六十七条所规定外,得将其发行所需之中证人手数料及印花税等费,一并加算。

回头汇票,其由执票人发行者,须以原汇票之付款地,为其发行地。其由票背签名人所发行者,须以其住所地为发行地,其汇票金额,依见票即兑之市价定之。

第七十三条 见票即兑及见票后定期付款之票,其行使权利之时效。依第三十二条及第五十条规定之场合,又依第三十一条第一项有特定期间之场合,又依第六十一条第二项拒绝证书作成之场合,又依第六十二条有免除作成拒绝证书之场合。各条所规定期间,执票人迟误逾限者,其对于发行人与票背签名人及其他一切汇票债务者之权利,悉行丧失,但其承诺人及保证人不在此限。

第七十四条 他埠付款之票,所记付款担当者不付款时。执票人虽不作拒绝证书,亦不失其对于承诺人之权利,但执票人对于付款担当者，无论作成拒绝证书与否，须依第六十四条所定期间及方式，将其拒绝付款事由，通知于承诺人。

第七十五条 执票人允许承诺人延长满期日者，若于拒绝付款之场合，又不如期作成拒绝证书，则其对于票上未承认其延期之各债务者，皆失其请求债还之权。

第七十六条 汇票之定期呈示，及作成拒绝证书等行为，因地方发生不可拒抗之故障，不能于法定期间内行其呈示及作成者，得延长其期间，俟其故障停止时补行之。

因不可拒抗之故障，延至满期日以后经过一个月以上者，执票人得向前手债务者，请求偿还见票即兑之票，执票人如值不可抗力之故障者，当自其得票之日起算至一个月以上，得向前手债务者，请求偿还。

见票后定期付款之票，如值不可拒抗之故障者，执票人须于得为要求承诺呈示之日始，算至一个月为呈示期间之始期。其事实足以妨碍适当之呈示或拒绝证书之作成者，不论为执票人或为执票者之委任人所发生者，均认为与前项所规定之不可抗力同。

第九章 代人付款（参加支付）

第七十七条 汇票值拒绝付款之场合，不论作成证书与否，其汇票上所载预备付款人或其以外之人，得为发行人或票背签名人或其他汇票债务者，而为代人付款。

执票人于满期日前，得为请求偿还之场合亦同。

依第四十条第二项之规定，得为代人承诺者，亦得为代人付款。

凡为代人付款者，至迟须于付款拒绝证书作成期间之末日为之，但于第二项所规定之场合，须于满期前为之。

第七十八条　汇票于付款地记有预备付款人者，或记载有代人承诺者，执票人于拒绝付款后，当向预备付款人或代人承诺人要求其代人付款。而呈示其票据，若执票人不依此手续者，则其对于预备付款人之指定者及被代人付款者之后手，失其请求偿还权。

第七十九条　代人付款者，须将被代者所负票上应付金额。全部交付，其仅代付一部者，执票人得拒却之。

代人付款人将全部金额交付，而执票人拒却之者，则其被代者之债务以消灭论。

第八十条　预备付款人或代人承诺人。不为代人付款者。执票人须按期作成拒绝证书，确定其拒绝行为，执票人不依此手续办理者，则其对于指定预备付款人者及被代付款人之后手，均失其请求偿还权。

第八十一条　代人付款者，应将被代人姓名记于票上，其不记明者，认作为发行人所为。

一票据中有多数之债务者，各债务者皆有愿为代人付款人之场合，则执票人当求其多数债务所归之人，其付款能使多数债务免除者，而受其代人付款。

执票人已受其代人付款者，应将票据交代人付款人收执。

第八十二条　代人付款者，一经付款后，即取得执票人所有之一切权利。

代人付款人取得票据后，即免除其被代者后手之债务，但不得再依票背签名而让与他人。

第十章　副票及草票（复本及誊本）

第八十三条　凡汇票受票人请求副票者，发行人须应其请求，制成副票数份给之，其费用由受票人负担。

副票所记文篆及号码，须与原票一律同样，若有歧异违反者，则其各副票均认为独立汇票。

执票人得请求副票数份，其请求手续，由执票人径函致其前手，以次递及发行人，其新发之副票，仍由各票背签名人，前后手互相交递签名，其发行副票所需费用，由请求之执票人负担。

第八十四条　副票一份，已经付款者，其他未经承诺各份，同时作废，不必批明付款完讫字样，当然无效。

发行人或汇票债务者，以副票数份交与同一票背签名人者，其后欲请求偿还时，非将各副票悉数交还者。不得照偿，但执票人之债务，已有人担保其对于其前手及发行人，已失其请求偿还权者，不在此限。

票背签名人及其后手，各以副票分别给付二人以上者，其将票据交回时，非将各副票一律交还者，应负其责任。

第八十五条　执票人为要求承诺，将副票一分送至承诺人者，须将该票送致之地方，分记于其余各票上。承诺人接此副票，证明执票人后，应负将该票交回执票人之义务，承诺人不将该票交回者，执票人须将其留票不交事由，及不能再以他票请求承诺及付款情节。记明于拒绝证书。其不以证书确定之者。其对于前手不得请偿还。

第八十六条　汇票之执票人，得依汇票之款式，作成草票。

凡原票所记载及票背签名一切事项，皆得抄写于草票上，并须于所抄各部之末，记明其意旨。草票与原票得以同一方法及效力，而行票背签名之事。

执票人因要求承诺，将原票送致承诺人处，须将其所送至地方，记明于草票上。若承诺人留票不交还者，执票人须依草票作成拒绝证书确定之，其不依拒绝证书确定之者，对其前手之里书人，不得请求偿还，但得向承诺者请求损害赔偿。

第十一章　汇票之伪造、变造及遗失

第八十七条　凡署名于伪造或变造之汇票上者，不论发行人承诺人，其为真正本人所署者，不得以伪造变造而免其责任。

第八十八条 变造汇票本文之场合，其属于变造后之署名者，从其所变造之文义，负其责任。其属于变造前之署名者，依其原文而负其责任。

第八十九条 汇票遗失之场合，执票人得依票背签名之次序，转向发行人请求交付新票，但其费用则归执票人负担。

其所遗失之票据，已经付款人承诺者，执票人非有担保，不得以新票据向付款人请求付款。

第九十条 汇票遗失之场合，其拾得者除有恶意取得之情节，或其取得有重大过失者外，无返还之义务。

第十二章　时效

第九十一条 执票人对于承诺人及其保证人，汇票上之请求付款权，以满期日后三年为有效期间。

执票人对于票背签名人及发行人及其他共同债务者之请求付款权，自满期日后，拒绝证书作成时期算起，以六个月为时效期间。票背签名人对于票背签名人及发行人之请求偿还权，以其收回汇票日，或对于收回汇票之前手提起诉讼之日起，以六个月为其时效期间。

时效之中断者，惟与其中断原因所生之事实有关系者，为有效。

汇票债务者收回票据时，或因票据而受诉讼时，须依第六十四条所定期间方式，通知于其直接之前手，其受此通知之票背签名人，更通知其前手，以次推及发行人。

第三编　期票

第十三章　期票

第九十二条　票据上表示一定金额，向一定之人付款，而为单纯之订约者，曰期票。

期票须载明发行日，发行地，收款人姓名，与满期日，及付款人姓名住址，由发行人署名盖印，方为有效。

期票所给付实价，无须记载。

第九十三条　除下列各事项外，凡关于汇票所规定者，皆适用之。

一　发行人与汇票之承诺人，负同一之责任。

二　期票不得向付款人请求承诺。

三　发行人及其保证人对于执票人逾限迟延者，不得抗其请求偿还权。

四　执票人对于发行人及其保证人之请求权，以满期日后三年。为其时效期间。

五　期票不得发行复本。

六　发行人指定自己为债权人者无效。

七　期票为见票后定期付款者，以发行人受执票人呈示签名盖印之日起，计算其期间。

八　见票后定期付款之期票，发行人不记明已受执票人呈示之意旨，或未签日子者，须依照拒绝证书而确定之，其见票后之期间，自拒绝证书签日后算起。

第九十四条　本法于凭票付款之期票不适用。

二 票据法例

第一节 大理院判决要旨

第一项 总则

关于票据之规定，在我国现行法上，尚无明文，故关于票据之讼争，自应依照法律无明文者，应用习惯法则，无习惯法则者，应用条理之原则，以为判断。

四年（1915年）上字一千一百零三号

民国关于票据法规，现在尚未制定。按照法律无明文依习惯，法律无习惯依条理之通例。凡判断关于票据法上之讼争，苟非有特别习惯，自不能不以条理为依据。

七年（1918年）上字一千一百四十号

无记名票据，本具有流通性质。固不以通知债务人，为移转之条件。尤不以记载担保人，为形式上之要件。

四年（1915年）上字一千七百十四号

票据既与通常贷借关系不同，而为一无原因之债务。则票据债务人，自不必属于实际上受益之人，而不能不以署名于票据之人，究系何人为断。

三年（1914年）上字六十三号

票据之出票人，对于辗转让与之持票人，当然负兑款之义务。不得以对于受票人之抗辩事由，或让与时未经通知，或未请其承认为理由，拒绝不为支付。

五年（1916年）上字一千一百四十一号

发出票据之原因，是否有效，固于票据债权之存否无涉，惟其发出票据，如确无真实合法之原因，则在直接当事人间。（即出票人与受票人间）仍得以此为理由，拒绝兑款，纵已对付，仍得请求不当利得之偿还。

三年（1914年）上字一千一百六十四号

票据债务人对于债权人，有得直接对抗之事由者，于债权人行使票据债权时，得主张该事由以为抗辩。

四年（1915年）上字一千四百十二号

出票行为附有解除条件者，若在直接当事人间，固得以条件成就，主张其票据之失效。

五年（1916年）上字五十一号

票据附有附券者，附券虽经遗失，然于请求支付时，既持有该券，则行使票据权利之要件，已无欠缺。自不得因附券遗失，即丧失票据上之权利。

三年（1914年）上字二百六十八号

第二项　汇票

出票

凡发出票据时，票据内自必记明兑款人，及受取人之姓名或商号。

三年（1914年）上字一千一百六十八号

票面所载之日期，乃表示票据上之权利，非至时期，不得行使。非谓过此时期，其权利即归消灭，所称过期作废之说，实反于票据法理及习惯。

四年（1915年）上字一千七百十五号

转让

汇票发出人与转让人对于持票人，均应负担保之义务。转让人有数人时。其前者对于后者。亦应负担保之义务。

三年（1914年）上字七百十四号

无论为期票为汇票，除票面有特别订定后，皆可以自由让与。其让与人对于受让人，当然担保其至期兑款。

三年（1914年）上字一百九十四号

兑款

凡发票时，票据内自必记明支付人及受取人之姓名商号，由受取人辗转让与于他人，凭以兑付。惟凭票兑现之权，仅票面所载之受取人，或辗转让受之人有之。若票面既未列为受取人，而又非让受之人亦非经他人所指命者，则虽持有该票，亦难视为正当持票人，认其有兑款之权利。

三年（1914年）上字一千一百六十八号

票据债务，仅须对于持票人支付，本毋庸令经手人当场作证。

四年（1915年）上字一千三百五十二号

偿还之请求

凡汇票经兑款人拒绝兑款者，出票人对于持票人，须依票面金额，负偿还之责。

四年（1915年）上字一千二百六十号

凡汇票经兑款人拒绝兑款者，其持票人对于票据之出票人或转让人，均得为偿还之请求。

五年（1916年）上字三百零二号

持票人不得票款之付兑，自有对于出票人转让人请求偿还之权，惟求偿权之行使，须于相当之期间内通知，是为必要之条件。至其相当期间若何，我国法律既无明文规定，只得依各地方之习惯以为判断。

三年（1914年）上字七百十四号

偿还请求之通知，系一方行为，不因受通知人之否认，而失其法律上应有之效力。

四年（1915年）上字一千八百三十二号

出票人与前手，对于持票人，均应负担保之义务。故持票人如被兑款人拒绝兑款，自有向出票人或前手请求偿还之权，不问兑款之拒绝，在已经兑款人签字承兑以后与否，惟问持票人被拒绝后。通知出票人或前手与否，为票据法上求偿权行使之要件。

四年（1915年）上字一千八百三十二号

汇票之持票人，擅自允许承兑人，展缓票面所定兑款之期，实有害于出票人之利益。按之商事条理，自属不应准许。

七年（1918年）上字一千一百四十号

汇票因持票人擅允承兑人展期，致逾期不能兑取票款者，该持票人不得向该出票人主张票据上之权利。

七年（1918年）上字一千一百四十号

汇票之出票人，如未将其所收之汇款，给付承兑人，则该持票人虽在不得主张票据上权利之时，而本于不当利得之原则，仍得就出票人实受利益之限度内，向其请求偿还。

三年（1914年）上字一千一百四十号

票据经辗转交付后，其前手对于持票人，虽负有完全担保之义务。而持票人行使求偿之权利，则仍有选择之自由，如对于出票人求偿时，即不得以有前手，为拒绝偿还之理由。

四年（1915年）上字一千七百十五号

金钱债务曾经约定利率者，如债务人延不履行，自应从迟延之日起，至履行之日止。计算赔偿，即票据之债务，亦事同一律，应予计算迟延利息。

四年（1915年）上字一千三百五十二号

保证

汇票之保证，如未注明为何人保证者，视为承兑人保证。如未经承兑之时，则视为出票人保证。盖以汇票未得承兑以前，出票人为其主债务人，为确保票据取得人之安全起见，应使保证人对之负责。

四年（1915年）上字三百三十号

票据所持人有向保证人请求偿还之权，其求偿权之行使，须于相当期间内通知，是为必要之条件。如于相当期间内不为通知者，其求偿权即应丧失，自不待言，但其相当期间何如，我国法律无明文规定，只得依各该地方之习惯，以为判断。

四年（1915年）上字三百三十号

持票人不得票款之付兑者，对于保证人有请求偿还之权，惟其求偿权之行使，须依该地方习惯。于相当之期间内通知之，违者对于保证人，即不得再行主张票据上之权利。

五年（1916年）上字六百九十号

第三项　期票

凡发期票（即由出票人自行兑款之票据）者，其出票人但须于该票据上出名盖章,为合法之出票行为,则对于持票人,不须更为承兑。即负兑款义务。

三年(1914年)上字一千二百六十六号

期票上一面注明买主之债权,并一面记明其债务者,较之通常所谓流通证券,仅载明持票人权利。并无反对给付者。显然有别,自不能认为期票,故其移转,一面为让受债权,即一面为承任债务。

五年(1916年)上字九百三十一号

期票之兑款地,未经载明于票据者,应以票据之发出地为兑款地。

四年(1915年)上字四百六十八号

无记名期票,持票人应照票面所记载,届期向出票人兑款,苟不能证明持票人取得之原因,有何不法,即无可以拒绝之理由。

四年(1915年)上字一千七百十四号

期票之出票人,届期对于持票人,当然负凭票兑款之义务。至期票辗转流通,由前手让与于后手之际,其间无论有无他项物事担保。或是否订有特约,均于出票人毫无关涉,即出票人与受取人间,果有特别事由。而对于后之持票人,亦不能据以拒绝兑款。

第二节　各省高等审判厅关于票据判例

直隶高等审判厅判决[二年(1913年)九月二十四日]
汇票争执

事实

缘三合成铺东岳国桢,在王口镇买得汇票八纸,计一千五百元,立票人金谷堂石记。汇票载云,今在王口镇汇收过三合成宝号龙洋若干元整,言明汇至天津和成源津号照付。嗣经岳国桢用出一千一百元,其余四百元之汇票,尚未得用。而和成源津号,即因赔累歇业,涉讼数载,此四百元之汇票,遂不能照付。立票人金谷堂石记,即和成源津号掌柜石景桂(控诉人)之父,而岳国桢(被控诉人)之表兄也,遂以亲谊之故,求将未用之汇票作废。岳国桢既以亲谊攸关,复以石姓无资偿还,遂将未用之汇票二纸,计四百元,当面批明清讫不用,作为义让完结。石景桂因讼事被押,曾写信向岳国桢告贷未遂,以和成源掌柜名义,代表和成源,在天津地方审判厅起诉。诉称岳国桢欠汇票洋一千五百元,并呈出已用过汇票六纸,及和成源之账簿为证。地方厅以汇票既注明汇收过三字,足见先有交款,然后有汇款,有汇款,然后有汇票,判其诉讼无理由。石景桂不服控诉,坚称初审不明商界习惯,经高厅判决如下。

理由

查本案之问题,纯在汇票之汇收过三字。是否表示钱已付讫之意,及和成源之能否视三合成为主债务者。据控诉人之陈述,此等汇票,系三合成假得和成源者,三合成使用汇票后,和成源即出三合成之账。三合成须将款归偿,再将汇票收回,并呈出和成源之底账一本,及他人之汇票数纸为据。当经调查商界,并无此等习惯,故认定控诉人之主张,为不能成立。据字义言之,汇收过三字,即是表明钱已收讫之意。盖必有汇款,然后有汇票。第一审之论,诚属允当,此控诉人之无理由者一也。以商界之习惯言之,汇收过三字。系表明款已收清,亦经本厅向直隶官银号及商务总会调查的确,控诉人亦不能借口习惯,逞其狡展,此控诉人之无理由者二也。此等汇票之立票人，系金谷堂石记。票上既有金谷堂石记之图记，复有金谷堂石记之边封。以书面视之，和成源之付款。当然凭金谷堂之信用，即以调查商界之习惯言之，亦无凭取款人信用之理，和成源对于三合成之无关系，已属昭然。若揭控诉人妄谓和成源与三合成，有借贷关系，实属不能自圆其说，此控诉人之无理由者三也。设使三合成能直接向和成源支付，则和成源自然凭三合成之信用，而为川换，又焉用此汇票乎。乃既谓和成源为主债权者，三合成为主债务者，复用此金谷堂石记之票，自相矛盾，天下无此情理，商家无是习惯，此控诉人之无理由者四也。控诉人呈出之和成源底账，虽有三合成欠款，旁注即汇票之款。然三合成之于和成源，绝不能因此汇票而生借贷之关系。前已论之详矣。即就账簿而论，详察此账，皆系隔一页一账头，而此三合成之账头，乃在两账头所隔一页之上。虽或由事出偶然，而此偶然者，何又偶然而发。现于诉讼系争之账目耶，宜乎被控人之辩诉，谓该账簿出于假造矣，此控诉人之无理由者五也。详查控诉人呈出之汇票六张，皆批有岳国桢借四字，而岳国桢呈出义让未用之票上，则无此四字。夫以同日同时写出之汇票，断不致相歧若是，显系控诉人事后加入，借启讼端，此控诉人之无理由者六也。查商界习惯，此等汇票付钱后，即为到根，断无由三合成再行取回之理。控诉人妄谓商界习惯，大都如此，实属毫无价值。再证以直隶官银号掌柜及商务总会评义员之答复，则控诉人之主张，实属荒谬，此控诉人之无理由者七也。再控诉人呈出万顺和及万合顺旧汇票共三纸，并万和顺之信一封，以证明此等汇票之应归于买票者所收存。姑无论此信无万和顺之图记，以证明信之真伪，即使属真，而万和顺岂能以已经清偿之证物，轻交于他人哉，且此三纸旧票。二为万顺和之票，一为万合顺之票，而信尾具名者，又系万和顺。三纸一信，名凡三异。此等证物，毫无采取之价值。此控诉人之无理由者八也，控诉人尚呈出景发合等号之汇票数张，此等汇票，皆系前清宣统二三年之物。当经本厅诘以景发合等号，已否将款还清控诉人，供称久已偿清。设如控诉人所谓此种汇票，必须买票人收回，岂有数年之久，尚不收回者乎。控诉人之证物供词，既自相矛盾若此，犹斤斤以法庭不明商家之习惯信用，饰辞妄辩，岂可得乎，此控诉人之无理由者九也。查商家之习惯通例，此种汇票系三合成由金谷堂价买至天津和成源取钱，和成源凭金谷堂之信用而为支付。通都大邑商界交通，此种汇票，不知凡几。从未有付款者凭取款者之信用，而不凭立票者之信用而为是支付也，故汇票之纠葛，或起于立票者与取款者，或起于立票者与付款者，断不能起于取款者与付款者。本案三合成取款者也，和成源付款者也，控诉人之请求不能成立明甚，此控诉人之无理由者十也。本案第一审仅据汇收过三字，判其请求不成立，未免稍失之略，故本厅详细调查审判，认其控诉无理由，将控诉驳回。

案注

汇票关系人有三方，出票人承兑人领款人是也，本案金谷堂为出票人，和成源庄为承兑人，被控诉人为领款人。质言之，金谷堂为和成源庄之债权人，被控诉人为金谷堂之债权让受人也。汇收过三字，足证明领款人对于出票人债权之存在，及出票人对于承兑人债权让与之原因也。盖出票人有债务，然后有让与，有让与然后有汇票之发出，判决谓汇收过三字，表明钱已收讫之意。盖必先收汇款，然后发汇票，此固商界习惯所共同认为不易之例也。按本案法理可概括之如下，汇票上汇收过三字，系表示款已收清，票有原因，此其一也。汇票承兑人兑款，凭出票人之信用，不凭领款人之信用。盖领款人为债权让受人，出票人为债权让与人。承兑人之兑款与否，全视其与出票人之关系为若何,不问领款人与出票人间之关系也,此其二。汇款人向出票人购买其汇票,以便至兑款处领款,承兑人有兑款之义务,断无有向领款人主张权利之说,此其三。汇票之争执,当其未照准前,或生于出票者与领款者,或起于出票者与承兑者,断不能生于领款人与承兑人之间。盖票未承认,承兑者与领款者,毫无关系可言也,此其四。是故控诉人所执领款人应向承兑人赎回汇票之说,既悖于法理,复背于商业习惯,控诉审之认为无理由宜也。

浙江高等审判厅判决 [二年(1913年)五月十八日]
期票争执

事实

缘通济衣庄店主陶子湘,亏欠正元泰庄王家相洋二千六百元有零。于前清宣统元年(1909年)十一月十四日,在商务总会公议,王家相与陶子湘双方允洽,当立议单,载明洋一千五百零八元,仍照原议,分十年拨还,尚有一千一百元。由严云樵出据,立期票五纸,交王家相收执,共洋八百元。到期票款无着,王家相乃向严云樵控追。

理由

期票有证书性质,与寻常债务不同。王家相持有期票,即可行使期票之权利,期票既未附有条件,至期当然照付,无先向主债务者请求诉追之必要。即债权者虽未证明其所以生权利之原因也,而得以主张其证书上之权利,乃一般证书之通例。虽在直接者之当事者间,其得以提出抗辩之理由：（一）原因欠缺之抗辩，（一）不法之抗辩。今控告人所出之期票，是在允议单书明一千一百元由严云樵出立，又为严云樵自书署名，情愿代通济而任债务。有到期如数清交之语，其原因并无欠缺，且当众公议。互相允洽后，始立议单，又无不法之可言。其出立证书之原因，虽为保证，须知出立证书之后，则从债务者，已成为主债务者之地位。苟非王家相不法取得，与原因之欠缺，断不能主张抗辩。况控告人所当履行之债务，乃维持八百元之票据，流通证书之效力，并非履行保证之债务。若票据而亦可无效，则流通证书，尚有何用。非但有背风俗习惯，并恐多有影响于社会，惹起一般之恐慌。况控告人之错误，以证书债务。作为保证债务，所以主张之理由，都不合法。失之毫厘，差以千里。

案注

期票为债权之证书，立票人为债务主，持票人为债权主，到期日持票者自有请求立票人偿还之权利。设立票人为保证他人票据，而出期票。票据原因，虽系保证，然期票上发生之义务。当为立票人之主债务，持票人仍不失其到期请求偿还之权。期票之性质，不可诬也。本案立票人根据保证之原因，为否认主债务之主张，不仅悖于习惯，且抵触期票要素矣。其要素何，通流是也。立票人否认票据则已，既认之，则不得不承兑偿之责。本案期票之目标在偿付票面载明之数额，非履行保证之债务。保证债务，期票债务之所由生。非期票所由生之债务，出票人应履之责务，非昔日保证之附从债务，乃期票直接发生之债务。持票人之权利不基于保证，实基于流通票据。票据苟无不法原因，票据上应行之义务，不容置辩矣。惟本判决承认票据通例，债务人得有提出抗辩之理由：（一）原因欠缺　凡债务必有原因，原因缺乏，债务自无存在余地。票据债务之原因，即立票人所以出票之故。无其故，则无其债务。无其债务，则立票人之义务为空虚，而票据失其法效。本案出票之原因为保证，有情愿代通济任债务，到期如数清交之语，原因之不得为欠缺明矣。（二）不合法原因　原因能因事实之关系，而成为不合法者，若债务之由赌博作奸发生者，其原因皆可以不法视之。不合法原因，当然不能发生债权关系，本案判决云。（当众公议，互相允洽后，始立议单，又无不法之可言。）寻绎判决辞意，有若认意愿之缺乏，亦为不法之原因。不知原因者债权之母，意愿者债权发生效力之要件，不容混视也。又按判决有云（期票有证书性质，与寻常债务不同。持有期票，即可行使期票之权利。期票上既未附有条件，至期当然照付，无先向主债务者请求诉追之必要。）以是推之。若期票附有条件，期票发生之权利，当为相对之条件权利。惟考法国《商法》，商业票据不能具有任何条件，以伤其流通之性质，即以汇票承认论，条件之承认，应视为无效，（《商法典》一百二十四条）庶合证书流通性质乎。

三 法规

（一）银行通行则例

民国成立以来，《银行条例》，未经公布。前清光绪三十四年（1908年）正月度支部《奏定银行则例》，内有银行通行则例十六条。凡经营金银汇划贸易，如银号钱庄以及各省所设之官银号官钱局，具有银行性质者，均应遵守本则例规定事项办理。于三十四年正月十六日奏准施行，今尚继续适用，录其序文如下。

第一条 凡开设店铺，经营下列之事业，无论用何店名牌号，总称之为银行。皆有遵守本则例之义务。

（一）各种期票汇票之贴现。

（二）短期拆息。

（三）经理存款。

（四）放出款项。

（五）买卖生金生银。

（六）兑换银钱。

（七）代为收公司银行商家所发票据。

（八）发行各种期票汇票。

（九）发行市面通用银钱票。

纸币法律未经颁布以前，官设商立各行号，均得暂时发行市面通用银钱票，但官设行号，每月须将发行数目及准备数目，按期咨报度支部查核，度支部并应随时派员前往稽查。

第二条　凡欲创立银行者，或独出资本，或按照公司办法。合资集股，均须预定资本总额，取具殷实商号保结。呈由地方官查验，转报度支部核准注册，方可开办。凡银行应行呈报事件，除呈请地方官转报外，并须径呈度支部，以便稽核。

凡银行开办，须预将年月日，禀报所在地方官，转报度支部。

第三条　凡欲开设银行者，须将左开事项呈报。

（一）行号招牌。

（二）设立本行分行地方。

（三）资本若干。

（四）或独资或合资或合名，应呈报姓名籍贯住址员名，若系招股公司，除上开事项外，须将集股章程。及发起人办事人姓名籍贯员数住址，并分别有限无限，一律呈报。

第四条　凡开设银行，须遵照本则例。自定详细章程，呈报度支部核准，如有变更，亦应一律呈核。

第五条　凡银行每半年预详造该行所有财产目录，及出入对照表，呈送度支部查核。如有特别事故，应由度支部前往检查各项册簿凭单现款，并其经营生意之实在情形。此外各项贸易事业，公家概不干预；如官有借端需索等情。准该行呈禀度支部查明，从严参办。

第六条　凡银行每年结账后，须造具出入对照表，详列出入款项，总数发报声明，或以他法布告，俾众周知。

第七条　银行营业之时刻，以午前八时起，午后四时止，但因营业情形而欲变通者亦可。

第八条　银行如逢星期及营业地方之休息日，均得停业。其不欲停业者听，若有不得已之事故，而欲例外停业者。须禀准地方官，登载报章，或以他法布告，俾众周知。

第九条　凡经核准注册各银行，如有危险情形，准其详具理由。呈所在地方官，报明度支部，转饬地方官详查营业之实况，与将来之希望。如果系一时不能周转，并非实在亏空，准饬就近大清银行商借款项。或实力担保，免致有意外之虞。

第十条　凡银行或个人营业，改为公司办法。或原系公司，变为个人营业。或欲变更其公司之制度，或欲与他公司合并等事，均应查照第二条办理。

第十一条　银行如有不遵守第五条所定报告检查，及第六条所定布告。或虽受检查，而有隐匿，或虽经登报布告，而其中有含混等弊，一经查出，由度支部酌量情节轻重，科以至少五百两，至多千两之罚款。

第十二条　以前各处商设票庄银号钱庄等各项贸易，凡有银行性质，即宜遵守此项则例。其遵例注册者，度支部即优加保护，其未注册者，统限三年均应一体注册。倘限满仍未注册者，不得再行经理汇兑存放一切官款。

第十三条　各省官办之行号，或官商合办之行号，统限本则例奏定后，六个月内报部注册，一切均应遵守本则例办理。如过期不注册者，科以至少五百两之罚款，每迟六个月，罚款照加。

第十四条　官办行号，每省会商埠，只准设立一所。如有必需另行设立时，须与度支部协商，或会奏请旨办理。

各种官立银行，欲设立分行时，凡已有大清银行分行地方，须先尽该分行作为代理。

第十五条　凡银行或因折阅，或有别项事故，情愿歇业者，应举定办理结账人，禀报地方官。将存欠账目，计算清楚，照商律办理。地方官具录事由，速报度支部查核，不得迟延，并一面由该行禀报度支部查核。

第十六条 凡只兑换银钱，无银行之性质者，本则例施行后，均作为银钱兑换所，免其注册。各种特别银行，除遵照特别专例外，其有专例所未及者，均按照本则例办理。

本则例即奏准三个月后施行。

本则例如有应行修改之处，随时摒奏明办理。

（二）取缔纸币条例

民国四年（1915年）十月财政部以东西各国，发行纸币，大抵集权于国家银行，间有采用多数银行发行制者，亦必设法限制，以防流弊。中国自改革以来，各省官银钱行号，滥发纸币，影响财政。前经本部呈奉明令，禁止增发。并由部随时设法，分别收回，惟省立银行，及官银钱局号，虽经制定发行额，以示限制。而一般商办银钱行号，咸视发行纸币为架空牟利之图，倘不设法取缔，殊于市面大局，币政前途，均有绝大障碍。拟订取缔纸币条例九条，大致不外注重准备，用杜弊端为宗旨。未发行者禁止擅发，则后患自绝于无形，已发行者按期收回，则办法弗嫌其过骤，于从严限制之时，仍寓与时通变之意。呈请大总统核示。于民国四年十月二十日批准公布矣，其原文如下：

第一条 凡官商银钱行号，发行纸币，除中国银行外，均须依照本条例办理。

凡印刷或缮写之纸票数目成整，不载支取人名及支付时期，凭票兑换银两银圆铜圆制钱者，本条例概认为纸币。

第二条 本条例施行后，凡新设之银钱行号，或现已设立，向未发行纸币者，皆不得发行。

第三条 本条例施行以前，业经设立之银钱行号，有特别条例之规定，准其发行纸币者，于营业年限内，仍准发行，限满应即全数收回。无特别条例规定者，自本条例施行之日起，以最近三个月平均数目为限，不得增发，并由财政部酌定期限，分饬陆续收回。

第四条 各银钱行号遵照本条例第三条发行之纸币，至少须有五成现款准备兑现。其余五成，准以公债票及确实之商业证券作为保证准备，其有特别情形，暂时未能依照前行规定者，须禀请财政部核办。

第五条 发行纸币之银钱行号,应每月制成发行数目报告表。现款及保证准备报告表,详报财政部,或禀由该管官厅,转报财政部。

第六条 发行纸币之银钱行号,由财政部随时派员,或委托他机关。检查其发行数目准备之现款及保证品,以及有关系之各种账册单据。

第七条 各银钱行号违反第二条至第四条之规定者,应科以五百元以上五千元以下之罚金;其有发行权者,并取消其发行权。

第八条 发行纸币之银钱行号,违反第五条之规定,并不遵造报告。或报告不实者,应科以五十元以上五百元以下之罚金。违反第六条之规定拒绝检查者,应科以一百元以上一千元以下之罚金。

第九条 本条例自公布之日施行。

(三)银行公会及钱业公会章程

银行公会章程,由财政部订定,于民国四年(1915年)八月二十四日公布,民国七年八月重行修正。对于入会资格,稍加限制。上海钱业公会章程,由上海钱庄同业议决。论银行公会之性质,实与钱业公会相类。故财政部所订银行公会章程,系包含银号钱庄而言,此盖基于银行通行则例第一条之规定也。然银行公会,系法定团体,要以国家为前提。钱业公会,则仅商人自结团体,专以本业利害为先务。二者之区别,在乎此而已矣。兹将银行公会章程,及钱业公会章程录下。

1. 银行公会章程摘录

组织　本国银行有五行以上之发起,得遵照本章程。呈准财政部,组织银行公会。中外合资试立银行,依法注册设立者,亦得加入公会。

办理事项(一)银行公会受财政部或地方长官委托,办理银行公共事项。(二)办理支票交换所及征信所事项。(三)发展银行业务,矫正银行弊害。

入会条件(一)实收资本总额在二十万元以上者。(二)注册设立已满一年以上者。

银行公会设立以后,凡具有上列条件者,经入会银行多数之同意,得随时加入。

各地方公会章程内应规定事项:(一)公会经费及征收会费之方法。(二)公会所在地。(三)公会内部组织。(四)公会应办各事。

办事员　银行公会得设董事长一人,董事至多不得过七人。

入会银行责务　入会银行有互相维持之责。

违背制裁　入会银行如有破坏公益,及不遵守本会章程情事,得由董事议决,并经入会银行多数之同意,令其退会。

地方公会设立之限制　一地方内银行公会,以设立一所为限。

2. 上海钱业公会章程摘录

名义　本公会以入会之上海钱庄同业组织之,名曰上海钱业公会。

目的及职务　本公会以谋金融之流通,及交易之安全为目的,其应行之职务如下:

(一)联合在会同业,研究业务及经济事项之进步。

(二)促进同业之发展。

(三)矫正营业之弊害。

(四)提倡合群及讲求信义。

(五)评议入会同业之争执,或和解之。

(六)同业因商事行为有必要之请求,得转函商会,陈请官厅,或转函各埠商会,但非关商会者,不在此例。

(七)处理其他关于同业之事项,但以其事件之性质,为本公会所得处理者为限。

职员　会长副会长各一人,董事三人,会员等。

会议　本公会会议分三种,(一)年会每年一次。(二)常会每月二次。(三)特会无定期。由会长认为必要时,随时召集之。

入会条件　新开各庄,愿加入本公会者,须于开业前一个月,将资本总额,股东姓名住址,及所占股分,并经理人及合股时之见议人各姓名,开单报告,公会召集会员表决之。

3. 上海银行营业规程

第一条 本规程系上海银行公会在会各银行营业上共同遵守之规则。故定名上海银行营业规程。

第二条 营业时间,每日自上午九时起至十二时止。下午二时起至五时止。但收解时间,自上午九时起至下午三时止。至星期六下午休业之银行,以上午十二时止。

第三条 例假日期如下。

 (甲) 星期日。(但各行向例休息半日者得照旧办理唯须报明公会备案)

 (乙) 国庆日休息一日。(即十月十日)

 (丙) 阳历阴历新年休息日数,随时酌定。

 (丁) 端阳休息一日。

 (戊) 阳历七月一二日休息二日。(结账之期)

 (己) 中外银行之习惯休息日。

第四条 营业种类如下。

 (甲) 各种活期定期及储蓄存款。

 (乙) 活期定期抵押放款及信用放款。

 (丙) 抵押往来透支及信用往来透支。

 (丁) 票据贴现

 (戊) 国内汇兑及押汇

 (己) 国外汇兑及押汇

 (庚) 买卖生金银及各种有价证券

 (辛) 信托业务

 (壬) 保管贵重物件

（癸） 政府委托代理及特许业务

第五条 利率。

（甲） 存款利率，视市上供求之缓急，酌中厘定，分活期定期两种。

（乙） 押款放款，及贴现利率，视市上供求之缓急，酌中厘定。分定期活期两种。

（丙） 同业互相押借款项，其利率由双方随时议定。

第六条 行市。

（甲） 银圆行市，每日由银行公会视市上供求，酌定相当之行市。悬牌公布。

（乙） 国内汇兑行市，每日由银行公会将各通商巨埠电汇行市，悬牌公布。

（丙） 国外汇兑行市，每日由银行公会将各国电汇行市，悬牌公布。

第七条 营业准备金。

同业中营业准备金，除发行兑换券准备金依照法定成数外，应存储现金准备，至少在百分之二十以上，并须加储保证准备，至少在百分之十以上。

第八条 银洋进出。

凡收解款项有划头银及汇划银之别，如票据上加盖汇划字样图章者，即以汇划银收付，否则即以划头银收付。银圆进出，与银两同。

第九条 各种重要票据种类及手续。

（甲） 定期存单　由总经理或副经理，或有权代总副经理签字之重要职员签字盖章为凭，并须由存款人于存款时留存印鉴，为将来到期取款时核对之用。如存款人要求银行不留印鉴，将来到期凭单付款，银行亦得允其所请，但银行不负一切危险之责。开立存单，至少数在一百元以上。

（乙）存折　各种存折上签字盖章手续，与本条甲项同。存款时亦须由存款人留存印鉴，为取款核对之用。如存款人要求银行不留印鉴，只须凭折付款，银行亦得允其所请，但银行不负一切危险之责。第一次存入之数，至少在二百元以上。惟储蓄存款第一次之数，至少在一元以上。

（丙）支票　往来户欲用支票时，应由存款人留存印鉴，以便银行验付，每张支票，至少须在五圆以上，否则银行可拒绝之。

（丁）本票　本票上签字盖章手续，亦与本条甲项同。并分记名及不记名二种，银行得出远期本票，惟期限至多不得过十天。

（戊）汇票　汇票上签字盖章手续，亦与本条甲项同。并分记名及不记名二种，记名者应凭印章签字付款，否则凭票付款。

（己）各种收据抵押，及信托业务之收据上签字盖章手续，亦与本条甲项同。惟不得于收据上指定之事实，及期限以外，发生效力。

（庚）各种借款证书。应照银行公会所定债款规程，缜密办理。并依法粘贴印花，以昭慎重。

第十条　各单据挂失止付办法。

（甲）定期存单。设遇水火盗贼，或途中遗失，准邀同殷实保证人缮具正式信函，向存款银行声明理由，挂失止付。一面登中外著名报纸各一份，声明作废。三月后如无纠葛，可由存款人邀同殷实保证人，或殷实庄号出立保证书，向存款银行要求补给新单。倘挂失期内发生纠葛，应俟存款人理清后，方可补给新单。

（乙）不记名本票。关系信用甚巨。无论何人，凡执有此项本票者，均作为现款之用。倘顾客向银行出立本票，交付他人，或向他行贴现出货，抑自受愚骗。另有别种关系，无论何时，不得向银行挂失止付。如遇水火盗贼，或途中遗失者，由失事人觅殷实保证人，出具保证书，向银行请求挂失止付。登报存案，银行得暂以止付。即由银行将款项送交银行公会，暂为保存，俟手续办妥，再行付款。倘另有纠葛，被银行查出者，虽请求挂失止付，不生效力。倘未来挂失之先。款已付出，银行不负责任。

（丙）记名本票。非抬头人签字盖章，不能付款。如抬头人已经签字盖章完毕，倘有遗失，其一切手续，应与本条甲项同一办法。

（丁）汇票分记名、不记名两种，记名汇票，如有遗失，可由出汇票行或抬头人来行请求挂失止付，如票后业已盖章签字，或有遗失，其办法与本条甲项同。不记名汇票，如有遗失，可由失主要求出汇票行或邀同保证人请求挂失止付，并登报声明，一个月后，如无纠葛，方可凭保付款。

（戊）支票遗失。如在未付之先，得以挂失止付。

（己）保付支票。凡执票人向银行请求保付，一经银行允办后。不得止付。

（庚）各种存折。无论何时，如遇遗失，其请求挂失止付时。即与甲项同一办法。

第十一条　照票专为验对票之真伪有无纠葛，及曾否挂失止付起见，来照时，由银行重要员司验明无误，即行盖章。照票后如有缪辖，办法与第十条乙项同。

第十二条　往来户向银行以支票掉换本票时，必须由出支票人在支票上加注（请换本票）字样，并加盖图章，或签字，方可掉换。

第十三条　各行庄押借款项利息，随时酌定。

第十四条　各行营业上所用名词及图章，应归一律，以示整饬。

第十五条　本规程分呈北京财政部，农商部，上海总商会会审公堂立案，并交银行周报，上海各日报公布。

第十六条　本规程于民国九年九月施行。如有未尽事宜，随时由银行公会酌订。

4. 上海钱业营业规则

第一章 本埠

第一条 营业范围如下。

一 经理各种存款。

二 经放信用及抵押贷款。

三 各种期票之贴现。

四 买卖生金生银。

五 汇兑各路银两或银圆及货物押汇。

六 其他关于钱业固有之习惯事业。

七 公设评市场于北市宁波路南市豆市街。

第二条 各种簿据及经折收条，并各项汇票、期票、借据、抵据、保单，均照章粘贴印花税票。

第三条 各业往来支取款项，须随带折子，及盖章凭条。

第四条 往来有担保者，须缮立保单，写明担保确数，担保人负完全责任。

第五条 各业往来存欠数目，旧历每月底由各庄抄送结单，倘有错误，即查明更正，惟结单专为核数之用，仍以簿据为凭。

第六条 各业托解银行之款付账，须追前一天。如遇银拆紧迫时酌定之。

第七条 本埠或外埠付来各种钞票，过午即收次日之账。如次日系星期，再迟一天。

第八条 同业银拆最高以七钱为限。本埠外埠往来存欠月息，每月于旧历初二日在公会会议查照日拆，公同决定，由司月报告同业，一律照行，惟存息以九五扣算。

第九条　往来存息，按月最低以二两计算。欠息仍以四两五钱为底码，如银拆升高，随时议加。

第十条　本埠或外埠往来票贴，最多以五钱为限。

第十一条　票力一项付来系双力票，每千两扣付银一钱。倘向有票贴及付来洋商银行票，不在此列。

第十二条　经放款项，有定期抵款、活期抵款、信用抵款、簿记中须分别立户收付之。

第十三条　活期或定期抵款，受抵人取得栈单。或物产后，除正式缮立抵据外，即双方有账者，其产权之行使，统属于受抵人。

第十四条　经放活期或定期抵款外，又有信用贷款。倘取得栈单或物产后，债务人有不测情事，受抵人得登报变卖，至迟不得过三个月。除归还抵款外，尚有余款，应先还原家信用贷款，再有余款，归各债权公摊。设或不足，受抵人向债务人另行追偿，不得与其他信用贷款并理，惟变卖物产，仅敷抵款，而信用贷款无着者，得与其他信用贷款并理之。

第十五条　各业托收电汇银款，或因电报字码稍异，恳庄家担保者。不得在收银单后盖用图章。作为保证，须另缮盖章保单，写明担保期限，逾限作废字样，或俟信到，将原单收回。

第十六条　各业向银行先收取各埠汇票，由庄家担保者，如到期不付，退回。其中有汇水上落，可按照麦加利银行西董来信办法，当日向原家买抵，或向别家买还。

第十七条　各庄向银行寄库银两或银圆，须当日向该行盖印付现款。至银行亦须盖印为凭。

第十八条　各庄与银行、洋行、及各业收取票款。不论支票、汇票、本票、及电汇、信汇。各款。一经照准照付。倘有事故，均不能将已付之款追还。

第十九条 遇有倒账，无论何项存欠，应援照前清光绪三十四年上海晋益升。汉口怡和兴、怡和利、怡生和等成案，不论官商洋款，一律公收公摊。

第二十条 各业所执各庄支票簿往来折，须谨慎收藏，如有遗失等情。即通知该庄。未通知以前，倘有意外冒取情事，庄家概不负责。

第二十一条 存户倘遗失存单存折，须将号数户名，存款数目，及遗失原由，向该庄挂失，并自向地方官厅存案，再登中外各报声明作废。过一百日后，毫无纠葛邀同殷实商家，为该庄所信任者，出具担保凭证，方可补发存单存折。

第二章 外埠

第二十二条 各埠往来，如有委托收解银两或银圆，及买卖银圆等类，均以函电为凭。

第二十三条 各埠同行托解汇头，当日互盖对同印为凭。倘欲止付，须先期来信或来电，接到后方可照办。如当日来电，已不能止付。

第二十四条 各埠托解订期解款，倘欲止付，亦照第二十三条办理。

第二十五条 各埠往来，如有电报解款，须预先咨照零加暗码，方可照解。如无暗码，未便代理。倘收银者，愿代为担保，为该庄所信任者，得通融办理之。

第二十六条 各埠托办金银等项，不论信托电托，一经办就装出，付账为准，不论水陆运寄，中途倘有不测，概归托办者承认。

第二十七条 各埠有辗转托解款项，其凭信及解条或票根，均须托解者盖有托解图章。

第二十八条　闽轮到申，向无一定时刻。该帮来信委托收解，以及支票，除订明板期外，凡有见信收解。及见单即兑之款。概归信到之次日照理，如次日系星期，及银行停工期内，应照银行例办理。

第二十九条　有交款嘱收外埠或本埠某家之账者，该庄代收后，给予收条。或盖用回单，一经入账，及去函通知，不论上家如何纠葛。均不得将款项取回。

第三十条　交款系远期票据，倘到期不得兑现，将原票退还入账之家。

第三章　票类

第三十一条　各庄所出庄票，至多以十天为限，不得再远。

第三十二条　各庄所出庄票，及本埠支票，外埠汇票等，均系汇划。届期如持票取现，概归次日照付。

第三十三条　各庄逐日经收到期各票，倘遇出票者不测，虽票面涂销，而银未收到，次日仍将原票退还原家。惟不得迟至三日，倘迟延三日，尚未退还，归执票者自理。

第三十四条　各埠支票，有见票迟几天者，以对票注明日期为准，注期之后，不能止付。

第三十五条　支票以押脚之字号为重，故能在市上通用。各业支出银两或银圆之票，倘到期不付，得向出票有押脚之字号追取，以杜借票取巧之弊。

第三十六条　各业行用庄票，如实被盗窃，或遭水火不测，及确系遗失，曾经登报存案作废者，得向该庄挂失，暂行止付。过一百日后，失票人可觅保立据，收银担保之人，须该庄所信任。如监守自盗者，不在此例。

第三十七条　挂失之票，查系自受愚骗，票入人手，或已付庄，或已买货，查明确实，有账可稽，有货可指者，俱不能止付。

第三十八条　庄票遗失，有人拾得将原票送还者，照前清咸丰年间禀准成案，每千两酬银拾两。

第四章　防弊

第三十九条　各庄与本埠，及各埠往来收付银两或银圆，均凭信折回单支票为准。倘有个人私相借贷，或合做生意，概与庄家无涉。

第四十条　近来窃票兑金贴现买货等事，时有所闻。凡有面生中外人等，持庄票兑换金银，或贴现买货等事，必须询明店号住处，如寓栈房，或来历不明，须觅熟人担保，方可交易。

第四十一条　各庄解交银行银圆，如成箱者，须当面估看。倘一时不及估看，商请封箱，银行须检点大数，再由庄家封箱，嗣后只担任小数缺少，及铜哑等责任。

第四十二条　银行来收庄票，每将多数票纸一掷而走，实属大意。应俟各庄司账者检明，方不致误。如收票人不交付检点清楚，倘有舛错。与各庄无涉。

第四十三条　银行与各庄彼此收票，票上须盖某某亲收字样。倘有票面失盖图章，被人冒收，及发生意外交涉，均归失盖图章者自问。

第四十四条　各庄与丝客丝栈代办现银圆，须送交检点后，再捆束之。

第四十五条　各庄股东设或自己亏倒，而所设之庄号，照常营业，倘其合同议据。有外抵内押情事，未于抵押时登报声明在前者，概不承认，其股本即备抵各债权。

第五章 同业

第四十六条 各庄收票,以午后二点钟为限。逾限归次日照付,惟旧历十二月十五日起至年底止,随到随付。

第四十七条 各庄收票,已于第四十六条规定,惟支票划条等,遇有原根未曾关照,应将原票退回收银之家。退回之票,至迟以晚六点钟为限。此系指同行退票而言,外行不在此例。

第四十八条 入会各庄收付银两在五百两以上,银圆在五百圆以上,均打公单。当晚至总会汇总,多凭总会划条向收,缺凭总会划条照解。倘遇不测,当日所汇银两或银圆,仍凭公单循序倒汇,不得将公单硬轧抵数。如自愿掉换现银或现银圆者,不在此例。

第四十九条 各庄找头,不论平日年底,均应如数照找。倘有缺少,虽隔年亦得抄账照补。

第五十条 银拆、划头加水,不论星期日,停工日,至大不得过七钱。多银者或拆,或收现,或还,次日划头,悉听多家之便。

第五十一条 银行划头,与更现无异。因有加水名目,一经划出,当夜划进之家。倘有不测,归划出之家自问,买卖银圆,不论现货汇头,一经解出,亦归卖出之家担任。

第五十二条 各庄向银行拆银本票,应写明某行抬头,如做抵款,应加注所抵物产或栈单,及各种数目。

第五十三条 各庄收解现宝,有批码不明者,向公估局改正。如码单当夜不及批正,收进之家,暂为收存。俟次日邀同解出者同至公估局改正。缺少归解出者承认,批费由公家担任。

第五十四条 各庄退轻平宝,以下午四时为限。假批以一星期为限,有码单者,不在此限。其宝收进之家,先给予回单,再行送还,不得派人跟订。

第五十五条　各庄解付银行码单，如有重平之宝，应在码单上注明只数。

第五十六条　沪市元宝向凭公估批见通用。设遇误批灌铅等宝，凡收用者估看不真，须用錾打。见其批码仍在，分两无差，方可退换。若灌铅流出，及批码糊涂，概不退换。

第五十七条　炉房看宝，含有金质之宝，应照壬寅年间邀同炉房议定办法，每只只许锉银一分。

第五十八条　各庄倘有涂改宝批，暗中渔利。一经指明确实，即逐出同业。

第五十九条　银行收出现银，遇有码单与宝银不符，即会同银行向原家追补。

第六章　停业

第六十条　入会各庄，如有停业者，处理如下：

一　本票延至当晚十二点钟为限，一律退票。

二　即由公会会同该经协理，将核庄账箱及重要各件，公同封固。

三　即由公会会同该经协理，延请公正律师为理账员。

四　该庄存欠各款，均归理账员收付，不论何项账款，不得私相划抵及内转。

五　理账员查明该庄虚亏若干，该股东应先行按股照垫。

六　股东中倘有存欠款项，存款与各债权一律办理，欠款应尽先归还。

七　理账员应将各款收集汇存，公会不论中外官商各款及票款，均登报一律公摊。

第七章　附则

第六十一条　本规则有未尽事宜，照钱业固有习惯办理之。

第六十二条　本规则得随时公议修改，但须照公会章程第六条办理。

5. 上海票据交换所章程草案[*]

第一章　总纲

第一条　本所依据民国四年（1915年）八月二十四日财政部公布之银行公会章程，由上海银行公会组织之，定名曰上海票据交换所。

第二条　本所附设于上海银行公会。

第三条　本所为便利所员银行当日票据汇划，并节省现金之授受起见，其应收应解款项，均以划账方法处理之。

第四条　本所组织，为基本所员、董事会、保管银行、所长及交换员、事务员。其统系如下：

```
特别所员
                    ┌保管银行
基本所员—董事会┤    ┌交换员
                    └所长┤
                         └事务员
```

第二章　所员银行

第五条　上海银行公会会员银行，为基本所员银行。

第六条　非公会会员中外银行或南北市钱庄，及其他金融机关，其入所交换票据者，得为特别所员银行。

第七条　特别所员银行，欲入所交换票据者，须由基本所员四家以上之介绍，并须将最近三年之营业报告连同入所愿书，送交本所董事会审查后，加以意见书，提交于所员会。由所员会以无记名投票法，

---

[*] 上海银行公会拟定

决其可否。惟须有全体所员三分之二以上之同意，始得入所。

第八条 基本所员、特别所员出所时，得适用《银行公会章程》第二章第十五、十六、十七、十八、十九、二十条之规定。

第九条 基本所员经董事会同意，得受所外中外银行或南北市钱庄及其他金融机关之委托，代理交换票据。但须由该代理交换之基本所员银行完全负责。

第三章　所员会

第十条 所员常会定于每年一月及七月初旬召集一次，其时日临时定之。

第十一条 遇有特别事项，得由董事会召集所员临时会，或经基本所员四家之提议，得函请董事会召集之。但经特别所员四家会同基本所员二家之提议，亦得函请董事会召集之。

第十二条 基本所员之议决权，一员一权，特别所员但有提议权，而无表决权。

第四章　交换准备金与保管银行

第十三条 所员银行应依照本所之规定，各存交换准备金于保管银行，以备交换后解现之需，惟数目之多寡，视票据交换之多寡，分别规定缴纳之。

第十四条 保管银行，专任保管所员银行交换准备金银两银币，及本所往来账据。

第十五条 每所员银行之交换准备金额，其结存总数，至少需在规元若干两银圆若干元以上。如不足此数时，应由本所通知，随时增加。惟利息由保管银行酌给之。

第十六条 交换准备金，分划头银与汇划银两种。银币一种，沪上中央银行或公会公库未完全成立以前，公推基本所员银行几家为保管银行，专任保管划头银银币及汇划银。

第五章　董事会

第十七条　本所设董事七人，由上海银行公会董事任之，并由公会正副会长兼任本所正副董事长。

第十八条　董事、董事长之选举及任期，均比照上海银行公会章程之规定。

第六章　董事之职务

第十九条　董事之职务如下：

（一）指导所长处理所中各项事项。

（二）所长之聘请及解职。

（三）检定本所各项规程、细则及账表等项。

（四）编制预算、决算及各项报告。

（五）召集所员会。

（六）判断所员争执事项。

（七）有审查特别所员入所交换及基本所员代理交换之责。

（八）其他关于所务等项。

第七章　所长交换员及事务员

第二十条　本所设所长一人，由董事会延聘之。承董事长之命，主持所中一切事务，并有督率交换员及事务员之责。

第二十一条　本所设事务员若干人，视事务之繁简，由所长商陈董事会任用之。

第二十二条　所长薪水，由董事会规定之。事务员薪水，由所长陈请董事会核定之。交换员薪水，由所员银行酌给之。

第八章　经费

第二十三条　基本所员银行，应缴纳入所费若干元。特别所员银行，应缴纳入所费若干元。

第二十四条　基本所员应按月缴纳交换常费若干元。特别所员应按月缴纳常费若干元。

第九章　代理交换

第二十五条　所外中外银行或南北市钱庄，及其他金融机关，得委托基本所员银行代理交换票据。

第二十六条　关于代理交换事务，应先陈请董事会审查后方可代理。

第二十七条　代理交换，按月应缴代理交换费，其数目比照特别所员二分之一征收之。

第二十八条　外国银行未入所交换以前，所员银行，对于外国银行收解，得委托保管银行代理交换之。

第十章　交换时间

第二十九条　交换时间除例假外，每日自上午十时起至下午三时三十分止。

第三十条 交换员无论有无票据交换，均须于本所开始时到所。如有误时或不到情事，得照章处以罚金。惟罚金细则另订之。

第十一章　附则

第三十一条 本章程经所员会通过后，于　年　月　日施行。

第三十二条 本章程如有提议修改之时，得召集所员会，经所员全体四分之三之通过，方得修改之。

《票据法原理》导读（一）

——前票据法时代

舒 韡[*]

一

法律是一个国家历史的积淀，是特定国家特定的政治、经济、文化诸条件相互作用的特定产物，除法律移植外，各国国内法都是建立在传统的基础之上，反映各该国的社会和经济状况。商事法律更是一种因实践而生的法——从事贸易的商人们为着商务运作上的方便，形成各类习惯，并依托商人的自觉与信用维护其效力。就票据而言，更是如此——王敦常先生讲："李唐时代有飞券钞引之名，商贾凭券引以取钱，非今日之汇票支票乎？宋真宗时，蜀人以铁钱重，私为券，谓之交子，以便贸易，非今日之银票钞券乎？票据之来，盖由于此矣。"

正因如此，在我国票据法制定之初，立法者就面临着对本土票据习惯与国际规则的选择问题。在北洋初期，修订法律馆顾问、法国人爱师嘉拉（Jean Escarra，1885—1955）主持起草商法典。在起草之初，爱氏称中国私法的制订，必须重视中国习惯。但是在他起草票据

---

[*] 舒韡，广州大学法学院讲师。毕业于英国谢菲尔德大学法学院，获国际商法硕士学位。

法时，却改变了自己的观点，称应该跟国际接轨，对本土习惯甚少采纳。[1] 一方面，这考虑到了票据的国际流通性，票据法的制定必须合乎信用主义和流通主义的根本原则；另一方面，则是由于我国国内对本土的票据习惯缺乏调查研究的缘故。

为解决这些问题，很多学者和官员对我国商事习惯进行了细致研究。其中，上海震旦大学法学院法部博士科的王敦常就票据法问题专门撰写了一本著作，正是这本《票据法原理》，这也是我国第一部从整体上研究中国票据习惯的著作，可谓开风气之先。

具体而言，本书包括如下内容：

第一章：钱庄营业分类，对钱庄营业方式进行概述。

第二章：庄票，作者主要介绍的是钱庄发出的庄票，实际就是当前所说的银行本票。

第三章：汇票。

第四章：期票。

第五章：支票。

本书有如下特点：

第一，立足本土，重述习惯。作者立足于本国习惯，对银行的票据业务进行归纳。当然，这并非完全没有规范依据，如上海钱业营业规则等，都是作者关注的重要文本。

第二，放开视野，兼收并蓄。作者在对本国习惯进行重述时，亦不忘对西方法律的借鉴，特别是在我国规范尚有失严密的领域，更是如此。譬如，在汇票一章，作者亦对中国期票制度与法国期票制度进行比较；在支票一章，则采纳法国支票之定义。

---

[1] 参见张群、张松：《北洋时期对票据习惯的调查研究及其与立法的关系》，载《清华法学》第六辑，第 209 页。

二

本书出版后两年，1929年（民国二十八年），国民政府立法院通过三读会，通过了《票据法》并公布施行，该法全案共分5章，139条，公布施行。这是我国历史上第一部正式公布的票据法，也是中华民国时期唯一公布实施的票据法，它被公认为是一部具有很强的前瞻性和可行性的成功立法。

这种成功，起因于立法之前大量的田野调查与理论研究。早在光绪三十三年（1907年）五月初一日，大理院正卿张仁黼就修订法律一事上书清廷，折中指出："凡民法商法修订之始，皆当广为调查各省民情风俗所习为故常，而于法律不相违悖，且为法律所许者，即前条所谓不成文法，用为根据，加以制裁，而后能便民。此则编纂法典之要义也。"及至当年十月，清朝在各省开展的民商事习惯调查启动，但随着清廷被废，这一调查最终无疾而终。此后，1917年（民国六年），奉天省高等审判厅厅长沈家彝向北洋政府司法部呈请创设民商事习惯调查会，此即民国时代举行民商事习惯调查之发轫。该调查于1918年全面铺开，"各省除边远外，络绎册报，堆案数尺，浩瀚大观。"[①]

作者的这本《票据法原理》，实际上是结合了中国票据习惯的基本论述，它为票据法研究提供了规范之前的习惯法描述。尽管从学理上看，作者的研究算不得深刻，也未能提出令人信服的立法意见，但它仍然提供了相当丰富的原始素材，应当引起民商法、法律史学者关

[①] 参见胡旭晟：《20世纪前期中国之民商事习惯调查及其意义》，《湘潭大学学报（哲学社会科学版）》，1999年第2期，第4—6页。

注。但除开本书内容，我们更应关注作者及其他立法者所致力的习惯调查工作。我们认识到，最终制定的票据法只是在一些细枝末节上采纳了传统习惯，在总体上采取了国际惯例，但既然在立法之时已经进行了细致可靠的调查，立法者便足可认定，一些传统习惯的不采纳，不至于影响该法的有效实施，亦不至于影响票据活动的有效进行，从而能够放心大胆地与世界潮流看齐。今时今日，我国正在制定民法典的当口，对传统民事、商事习惯进行细致调查、详加参酌，尤其值得学术界和理论界重视。

《票据法原理》导读（二）

董安生[*]

我国的票据习惯历史悠久，在票据制度的近代化过程中，如何统一和改造旧式票据是第一个必须解决的问题。票据法为商事法之一，其立法的内容各国互有不同，然在一国之内，票据法的实施则需要整齐划一。我国封建社会时期封建统治者长期重农轻商，甚至实施贱商政策，故前清律例中对于商事规定相较而言专条殊少，既无商事之专门法规，更鲜有关票据之详细规定。社会人之需求必将引发交易，交易即产生贸易，以贸易相关的票据亦为之产生，加之我国疆域辽阔，习惯各殊，通行票据非如货币一样，各地区亦不相统一。此外关于票据的流通使用，因仅有当地习惯相沿之规约，无专门的法律供以遵守，致使出现诸多纠葛障碍。

毕业于上海震旦大学法学院法部博士科的王敦常先生意识到此种现象，其作为较早对票据习惯进行整理和研究的学者之一，经过研究撰写《票据法原理》一书并于1922年由商务印书馆出版。这是我国第一部从整体上研究中国票据习惯的著作，可谓开风气之先。该书在归纳中国传统钱庄、票号与银行业务知识的基础上，较系统地引进了法国民商法典中相关的票据规则，较之中国清朝的原有法令与判令有

---

[*] 本文作者董安生，合作作者朱宁。董安生，中国人民大学法学院教授、博导；朱宁，中国人民大学法学院博士生。

了重大进步。中国旧有的钱庄票号通常以存放款、金银买卖为基本业务，在票兑业务上通常以庄票（即由各钱庄票号独立发行的秘押票）为主，不存在票据流通概念。而《票据法原理》一书则较详细地介绍了为后世各国所通用的汇票、支票、本票（称"期票"），尽管当时《日内瓦统一汇票本票法公约》和《日内瓦统一支票法公约》尚未通过，但该书所介绍的基本票据规则早已成为商事惯例；尤其应强调的是，该书为提高实用性，不仅较详尽地附列了各类票据的样张，而且详细列举了上海票据交换所的章程、规则与票据交换惯例，某些方面其先进程度不亚于中国海峡两岸现有的票据流通规则。

现代票据法的进展可谓日新月异，其相关的规则和细则变化极大，特别是在英美票据规则的影响下，原有的大陆法票据法规则正在成为历史，而《票据法原理》一书正是我们了解票据法制度变迁的标本。

王敦常先生的《票据法原理》一书分为绪论、正文、结论、附录及法规等五部分。

第一部分为绪论，作者在该部分阐述了我国古代票据发展的历程，票据形式的演变及票据机构（钱庄）发展情况。

第二部分为正文，又分为五章，共计 38 节。第一章介绍钱庄营业分类，对存款、放款、买卖金银货币、发行商业票据、贴现和票据源流考等分专节进行描述。第二章是庄票，对庄票概略、庄票之记载内容、银行兑换券与庄票之比较、庄票期限让与、庄票兑款、遗失、持票人之权利与义务、贴现等进行了详细介绍与阐述。第三章为汇票，介绍了汇票定义及格式、汇票之成立以其记载内容、汇票性质与汇票关系人、汇票兑款地和票期及款额、汇票兑款期及让与、基金、兑款、遗失、汇款收据等内容。第四章为期票，包括期票概略、期票的票式与记载内容、期票与汇票相比较、期票的让与、期票兑款、中与法期票的比较等。第五章为支票，分别对支票概略、支票性质与记载内容、支票兑款的期限和法定时效及支让与汇划、支票基金、支票持票人的权利与义务、专介本票和划条等进行比较分析。

第三部分为结论，王敦常先生从贸易发展历程角度论述了票据产生的必然性与有益性，并就票据中的期票与汇票支票的流通方式、功能进行了总结，强调其在商业运转中的地位。王敦常先生亦将我国票据中的支票、期票与域外国家之支票、期票的流通与功能性进行了对比，认为我国票据中的某些作用与域外国家存在相同处。此外亦认为我国当时的支票、期票、庄票在流通使用上存在一定的缺陷，并不能完全发挥其功能作用。

第四部分附录又分为两部分，附一为《票据法草案》，是清政府修律馆于 1908 年聘日本法学博士志田钾太郎起草的，这部《票据法草案》共三编十三章 94 条。除第一编总则编外，其他篇章结构与 1908 年海牙会议上提出起草、1912 年通过的《海牙票据法统一案》十分相似。附二为票据法例，共分二节。第一节为《大理院判决要旨》，王敦常先生认为，在当时的司法实践中，作为最高审判机构的大理院是以判例、解释例作为审理票据案件和解决票据纠纷的主要法律依据，而这些判例、解释例，除依法律、票据习惯外，还根据审理票据条理（条理亦为外国票据法）。如大理院（七年上字 1140 号）判例规定[①]此判例不仅规定了大理院审案时的法律适用原则，而且也说明了票据法在法律渊源上有"成文票据法"。票据习惯和条理其中条理就是指外国票据法原理。第二节为各省高等审判庭关于票据争执判

[①] 大理院（七年上字 1140 号）判例：民国关于票据法规定现在尚未制定，按照法无明文依习惯法，无习惯法依条理之通则，凡判断票据法上的讼争，苟非有特殊习惯，自不能不以条理为依据。"

决，阐述了直隶高等审判庭判决汇票争执事实和浙江高等审判庭判决期票争执事实，以各省高等法院判决例为票据争议提供司法审判依据。

附则部分是王敦常先生对我国当时票据的相关法例与行业习惯（银行同行则例、取缔纸币条例、银行公会章程摘录、上海钱业公会章程摘录、上海钱业营业规则票类条文）的介绍，为现在研究票据法提供了法例支持。

王敦常先生以商事中的票据习惯为基础，宏观上总结了中国当时商事票据的习惯和特性，并就商事票据交易中所涉及的各种问题与西方的票据法理论相结合，用西方票据法理论来解释中国票据习惯，为中华民国1929年《票据法》提供了一定的理论支持。虽然作者用西方票据理论来解释中国商事习惯存在一些牵强之处，部分情况下割裂了中国传统的商事习惯，以至于使得当时通行的商事习惯变得不为理解。但作者从探讨票据商事交易功能的基础上，为中国票据法制定提供比较科学的处理意见。就票据习惯和法理的关系进行探讨，由此可见编订票据法，必须求诸法理，且尊重特有的商事习惯，但又须范以法理，做到二者并进，庶几不悖。著作附录编中的《票据法草案》虽条款有很多不和中国商事票据习惯之处，大大影响到立法的可行性和科学性，但仅就草案本身而言，它引进了新的票据法概念，使中国立法与国际的立法尽量缩小差距，实现统一，是一个进步。另外晚清的票据立法和票据法理论研究直接推动了中国近代票据立法的发展，为北洋政府时期的立法工作提供了借鉴的蓝本，也留下了一些可汲取的教训。《大理院判决要旨》和附则部分充分表明在立法工作和法学研究中，在借鉴国外优秀的法学理论同时，更需要注意调查和研究中国当代社会中正在形成或已经形成的"习惯"（包括法院的判例）。

综上，中国商法的发展总是与国家政治经济联系紧密。王敦常先生撰写的《票据法原理》在西方票据法学理论与中国传统商事习惯相结合的基础上,对清末政府民商事立法吸收西方法学理论且用于立法实践(虽然政府立法最后失败)具有重大影响,使得私法理念深入到中国社会,并开始重视中国自己的法律实践和研究。

《中国注释法学文库》编后记

"法学作为一种学术型态，其重要的构成要素是法律注释学，这是区别于哲学、文学、美学、经济学等其他人文学科的重要特点。法律注释学虽然早在古代即已产生，如古代罗马的私法注释学、古代中国的刑法注释学等，即使在没有法典的中世纪英国，也产生了法律注释学即判例法注释学。"[①] 注释法学是世界法学研究共同的样态。

中国古代法学就价值层面，具有无神论和现实主义精神，其法学理论的思辨精神淡薄，理论层次不高。从文献上讲，中国古代法学资料十分广泛，如《易经》《尚书》《周礼》《左传》《国语》《论语》《孟子》《荀子》《墨子》《老子》《庄子》《商君书》《慎子》《申子》《韩非子》《吕氏春秋》《历代刑法考》，还有正史列传、循吏列传、酷吏列传，《食货志》、私人文集，奏议及类书、丛书中的有关部分都与法学有关。[②]

从辞源上来讲"由于法学的概念是近代海禁打开以后，从西方输入的文化范畴，在古代是没有的，因此，传统律学就可以说是中国古代特定历史条件下的法学。"[③] 所以，古代中国并没有出现正式定名的法学，有的是实质意义上的法学，即中国古代的律学。律学讲求"法条之所谓"，[④] 与中国传统学术习惯和研究范式相一致，字词意的考

---

① 何勤华：《法律近代化考论》，载《法律文化史谭》，商务印书馆2004年，第281页。
② 同上。
③ 张晋藩：《清代律学及其转型》，载《律学考》，商务印书馆2004年，第413页。
④ 武树臣：《中国古代的法学、律学、吏学和谳学》，载《律学考》2004年，第11页。

据是学术的基础。从这个意义上说,古代的中国就已经产生了与近代法学意义同一的律学。两千多年来,对法律的研究大都驻足于如何准确地注释法律、诠解法意、阐明法律原则,形成了以注释律学为主要代表的传统律学。中国古代的注释法学,以注释律学为载体,是以注释国家的制定法为特征。注释的宗旨,在于统治者设定的框架下,准确注释法律条文的含义,阐明法典的精神和立法原意,维护法律在社会生活中的统一适用。①

在这个意义上说中国古代的注释法学,即律学,经过漫长的发展阶段,大致分为如下:传统注释律学的发端是以商鞅变法,改法为律和以吏为师为起始。西汉引经解律是注释律学的早期阶段。东汉章句注释到晋律解是律学的奠基阶段。《唐律疏议》的出现标志着注释律学的发展阶段,这一阶段显著特点是唐代以官定的律疏取代私家注律,强调法律解释的国家权威性。注释律学自宋代至元代逐渐衰微。明代是专制主义极端强化的时期,是注释律学振兴和复苏的时期,产生了著名的注释律学大作,如彭应弼《刑书据会》、陆柬《读律管见》、王肯堂《律例笺释》等。到清代注释律学又达到了鼎盛,历两百年不衰,直到20世纪初西学东渐而来的近代法律转型,建立中国近代法律体系止,清代的注释法学,在注释方法、注释内容和注释风格上,更达完备性、规范性,成为传统注释律学的最终成熟形态。②

中国传统法学到19世纪晚期经历着中华法系的死亡与再生,③在此基础上产生了中国近代的注释法学。19世纪末20世纪初,中国

---

① 何敏:《从清代私家注律看传统注释律学的实用价值》,载梁治平编:《法律解释问题》,中国政法大学出版社1999年,第323页。
② 同上书,第325页。
③ 何勤华:《中国古代法学的死亡与再生》,载《法律文化史谭》,商务印书馆2004年,第300页。

社会面临亘古大变,甲午战败、辛丑条约,到日俄战争,竟让外国人(俄国、日本)在我们的国土上开战,自己倒成了坐上观的看客!①在这样的屈辱历史背景下,1901年慈禧太后发布新政诏书,中国传统社会开始自上而下地发生近代化转型。转型最烈在于宪政改革、官制改革,建立起了中国近代的国家官僚机构。1905年慈禧发布预备立宪诏书,至此,清末以宪政改革为龙头的变法修律、近代化运动进入高潮。1908年钦定宪法大纲出台,确立宪法上的君主立宪政体。这年慈禧与光绪相继谢世,转年进入宣统年,这场近代化改革依然继续,大量的近代法律法规均在这一时期纷纷颁布。据统计,从光绪二十七年(1901年)到宣统三年(1911年),整个清末"新政"十年,清政府发布新法律涉及宪政、司法、法律草案、官职任用、外交、民政、教育、军政、财政、实业、交通、典礼、旗务、藩务、调查统计、官报、会议等十多类,法规数量达2000余件,②这一期间既是清政府没落的回光返照,也真实地开启了中国社会的法律近代化。

中国近代法学以移植西方法学,尤其是法德法系的六法为主干,输入西方法治文明的观念、制度与原则,这些涵括世界法律文明的内容包括:

第一,法律的渊源或是人类的理性(自然法),或是全体人民的共同意志(制定法),它是社会正义的体现;

第二,人的天赋的自然权利不可剥夺;

第三,国家或政府是人们之间通过协商、订立契约的产物,因此,国家或政府若不能保护人民,人民就有权推翻它;

---

① 王涛:《大清新法令 1901—1911》点校本总序,商务印书馆 2010 年。
② 商务印书馆编译所编纂:《大清新法令》(1901—1911),何勤华等点校,商务印书馆 2010 年。

第四，必须用法律来治理国家，哪里没有法治，哪里就肯定不再有政府存在；

第五，立法权是最高的权力，具有神圣性，但它不能侵犯公民的生命和财产；

第六，法律的主要目的是保护私有财产；

第七，法律制定后必须坚决执行；

第八，法律面前人人平等；

第九，法律与自由相联系，没有法律也就没有自由；

第十，一切拥有权力的人都容易滥用权力，因此，必须用权力或法律来制约权力。[①]

中国近代法学走上移植、继受西方发达国家法律文明的路子，学习途径，最初传教士从事法律教育、创办团体、刊物开始传播法律知识；[②] 清末政府积极推动，张之洞、袁世凯、刘坤一保举，经钦定的修律大臣沈家本、伍廷芳、[③] 政府开办修订法律馆，派"五大臣出洋考察政治"，系统地组织翻译西方法学著作，都是中国近代法学迅速成长起来的重要原因。西方法律文化的传播，除大量的汉译法律类图书出版之外，还有对清末立法成果注释、解释的部门法律著作出版，鉴此，中国近代注释法学在这一背景下出现。

百年后的今天，当我们回顾中国近代法学时，尚存几点思考：

第一，西法传入是中国官方自上而下积极推动的，西方是一套全新的法律系统，与中国传统法学截然不同，要让人们知悉部门法的具

---

① 何勤华：《法学近代化论考》，载《法律文化史谭》，商务印书馆2004年，第289页。
② 何勤华：《传教士与中国近代法学》，载《法律文化史谭》，商务印书馆2004年，第321页。
③ 王兰萍：《政治家的引领作用》，载吴玉章等主编：《西方法律思想史与社会转型》，中国政法大学出版社2012年，第311页。

体内容，以及这套知识体系的优点，解释法条、阐发法理之著作成为西法东渐最基本的读物。

第二，考据、注释之方法是中国固有的治学方法，中国学人信手拈来，中国本土的考据之法与从继受西法知识系统交互对接，使中国近代法学呈现出翻译西法著作与注释法学著作两分天下之势。

第三，此时的注释法学，无论阐释哪种部门法，其核心价值反映西方法律文明的精神，如民主、自由、平等，权力制衡，司法独立，私权自治等，这些理念产生于欧洲近代化过程中民族国家建立、反对封建特权之中，这一历程是人类文明进步发展的必经之路，它为中国社会由专制走向法治奠定了理论基础。清末政府推动的中国法律近代化，其思想层面的意义，对于百年后依然进行中的法制现代化有诸多的启示与历史的借鉴意义。

第四，研究中国法学，按照学术流派梳理，有中国新分析法学派，如民国时期以吴经熊为代表，[①] 确少有关注中国注释法学派别。但是，不容忽视的是中国近代的注释法学研究成果真正体现了中国法学本土化与国际化初次尝试，所产生的碰撞、吸纳、排异、融汇，至今都是不过时的研究课题。因为，中国社会的现代化包括法律现代化依然是国家文明建设的当代话题。

为了梳理这些历史上曾经的、现在尚显支离破碎的中国注释法学，我们着手整理出版《中国注释法学文库》，纳入本次出版计划的书目主要集中于中国近代的注释法学。在众多著作中遴选孟森、秦瑞玠、张君劢、郑竞毅等的注释著作。如孟森的《地方自治浅说》、《咨议局章程讲义》、《省咨议局章程浅释》、《咨议局议员选举章程浅释》，

---

① 端木恺：《中国新分析法学简述》，载吴经熊、华懋生编：《法学文选》，中国政法大学出版社 2003 年，第 231 页。

张君劢的《中华民国宪法十讲》,郑兢毅的《强制执行法释义》上、下,汪文玑的《现行违警罚法释义》,徐朝阳的《刑事诉讼法通义》,秦瑞玠的《大清著作权律释义》,王敦常编辑的《票据法原理》等著作。另外,对于中国古代经典进行法学意义上的阐释之作,我们也纳入其中,如张紫葛、高绍先的《〈尚书〉法学内容译注》等。当然,百年前的法律文献,保存十分不易,且不少图书馆索要高价,难以借阅,这些制约了《文库》版本选择,目前远未达到涵盖法学的全部基本法、再现六法面貌,今后随这一出版项目的继续,我们将逐步扩大收书范围,以期全面概观中国近代注释法学原貌。*

---

* 本文由王兰萍执笔。

图书在版编目(CIP)数据

票据法原理/王敦常编辑.—北京:商务印书馆,2016
(中国注释法学文库)
ISBN 978-7-100-12073-9

Ⅰ.①票… Ⅱ.①王… Ⅲ.①票据法—理论—中国
Ⅳ.①D922.287.1

中国版本图书馆 CIP 数据核字(2016)第 048852 号

所有权利保留。
未经许可,不得以任何方式使用。

本书据商务印书馆 1927 年版排印

中国注释法学文库

票据法原理

王敦常 编辑

商 务 印 书 馆 出 版
(北京王府井大街36号 邮政编码100710)
商 务 印 书 馆 发 行
北 京 冠 中 印 刷 厂 印 刷
ISBN 978-7-100-12073-9

| 2016 年 7 月第 1 版 | 开本 880×1230 1/32 |
| 2016 年 7 月北京第 1 次印刷 | 印张 5 $\frac{1}{8}$ |

定价:30.00 元